AF477681

The
POND ROOM

and Staging Silence 2
by Hans Op de Beeck

Kunstraum Dornbirn
Verlag für moderne Kunst
MMXVII

Inhalt

Content

„Ich liebe wirklich die alte Malerei, die
Idee, der Welt ein Fenster zu bieten.
Der Betrachter wird eingeladen, einfach auf etwas zu starren. Ich hoffe,
diesen Moment heraufzubeschwören,
die eigene Geschichte einfach beisei-
tezuschieben und alleine mit oder in
einem Bild zu sein. Für mich ist das
die Weite der Kunst, die ich auch in
der alten Malerei entdecke. Einfach
eine Landschaft Joachim Patinirs
oder eine Interieurmalerei Johannes
Vermeers betrachten und alles loslas-
sen. Ich glaube sehr stark an die alte
Idee der Katharsis, die tragisch und
schwierig, aber in der Qualität des Bil-
des tröstlich ist.“

— *Hans Op de Beeck*

'I really love the Old Masters, the idea of giving a window to the world. The viewer is invited simply to gaze. I hope to conjure up this moment, simply to put one's own story to one side and be alone with or in the picture. For me, this is the vastness of art, which I discover in the Old Masters. Simply looking at a landscape by Joachim Patinir or an interior by Johannes Vermeer and letting go of everything else. I believe strongly in the ancient idea of catharsis, which is tragic and hard, but, in the quality of the image, consoling.'

— Hans Op de Beeck

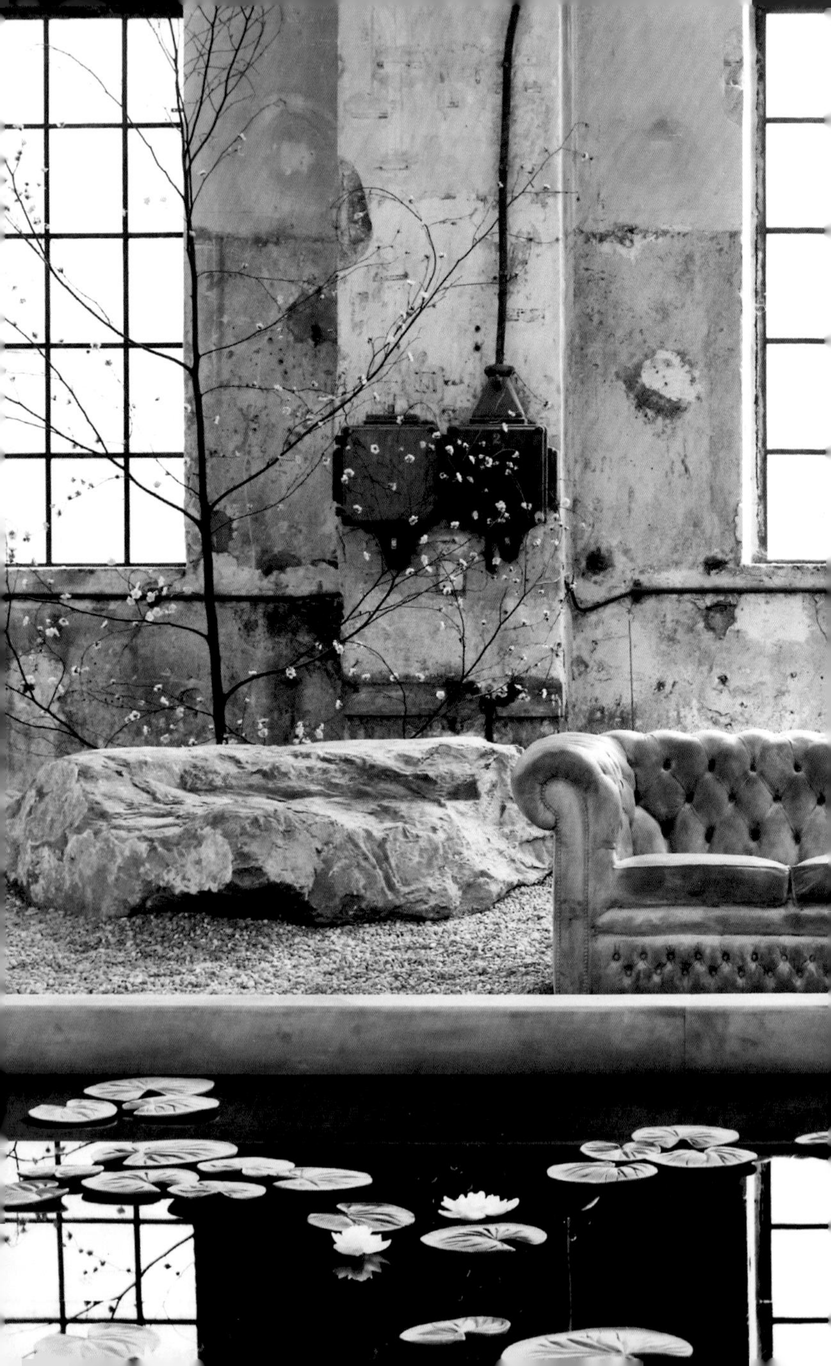

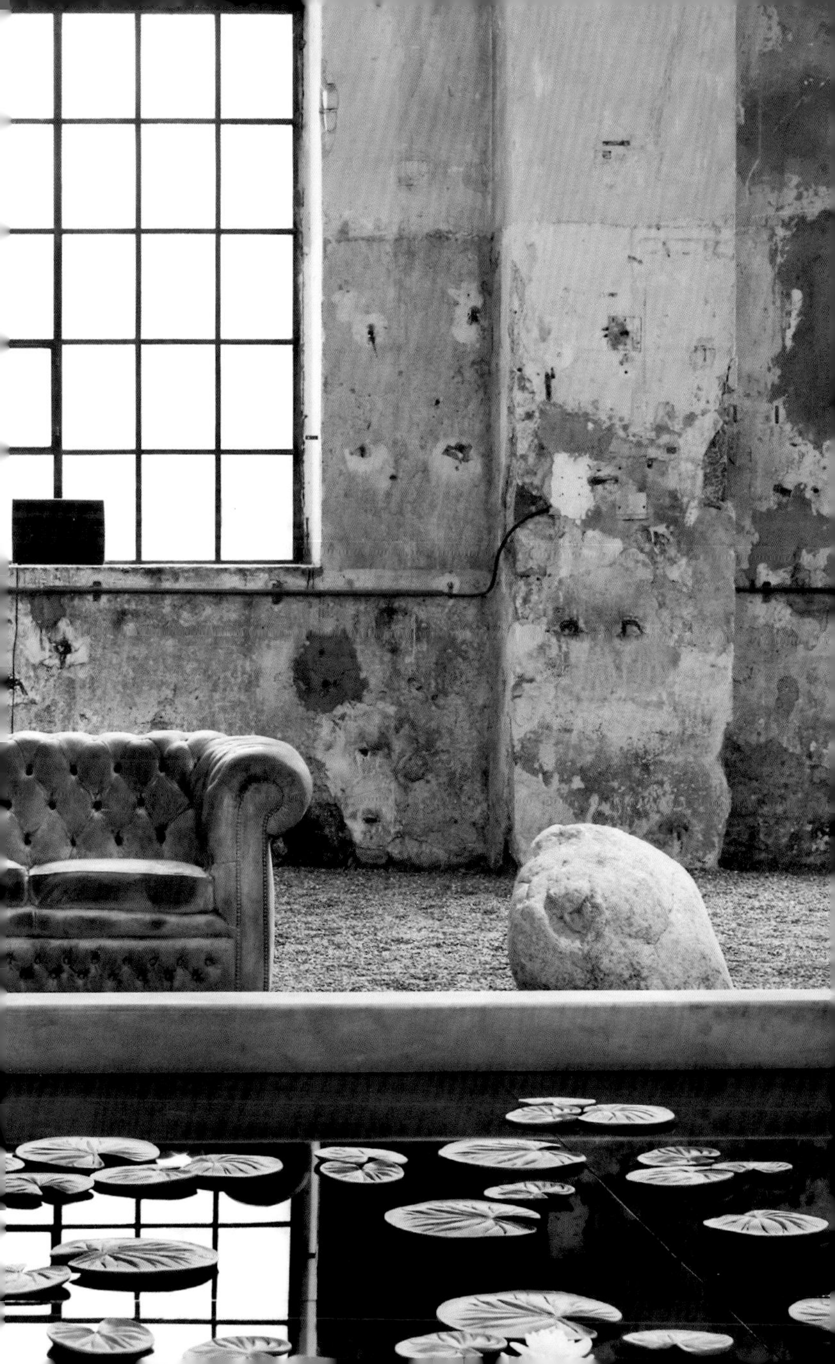

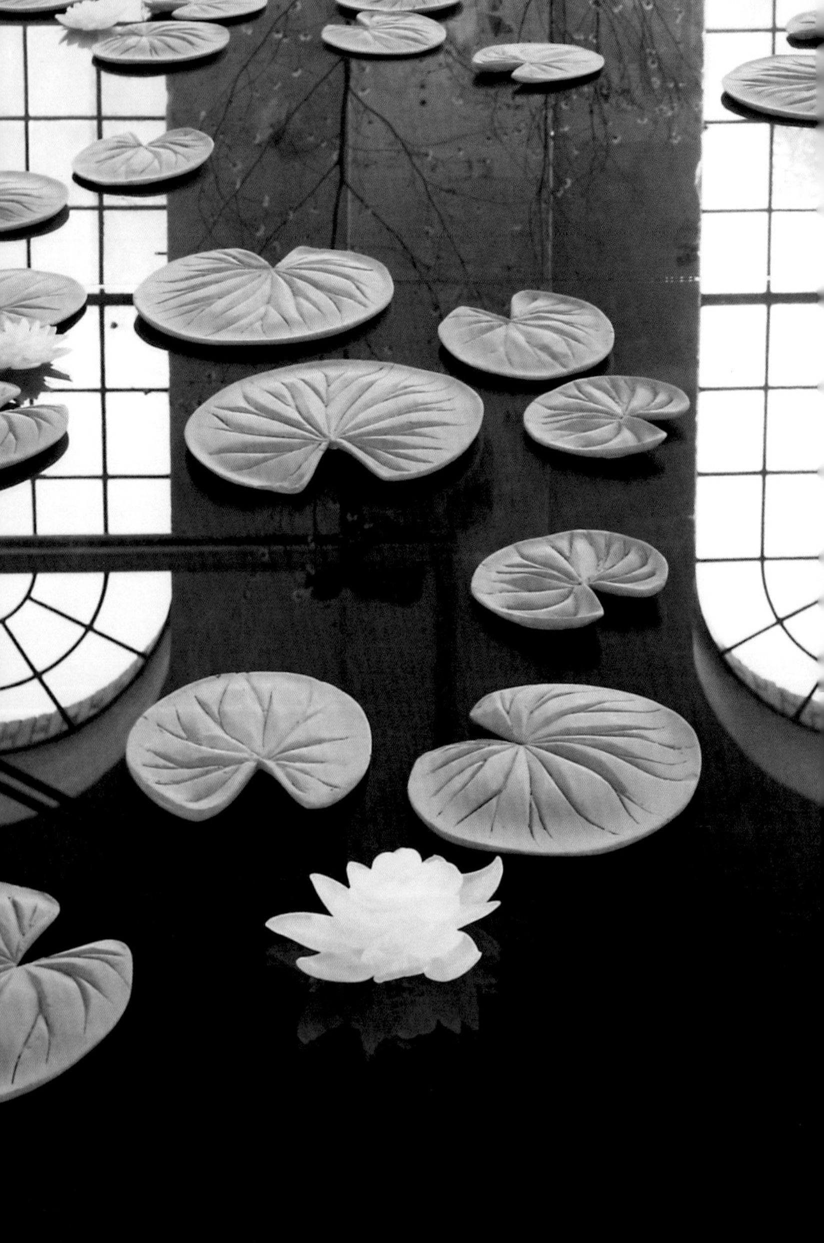

ZUSCHAUER, IMMER, ÜBERALL, DEM ALLEN ZUGEWANDT [1]

von
Nicolas de Oliveira
Nicola Oxley

1 | Rainer Maria Rilke, Duineser Elegien, Kapitel 8

Der wegweisende französische Schriftsteller Francis Ponge teilt uns mit: „Ideen erzeugen in mir ein mulmiges Gefühl, eine Übelkeit", aber „Dinge in der Außenwelt beglücken mich".[2] Dinge verschaffen Erleichterung in Hinblick auf Ideen, denn sie bewirken, dass wir unser Augenmerk auf das richten, was uns begegnet, über das wir stolpern – und nicht auf das, was gedacht werden kann. Der belgische Künstler Hans Op de Beeck arbeitet im Wissen, dass heutzutage jede Kunst auf Ideen gegründet ist – er gehört zu einer post-konzeptuellen Generation, die um den Wendepunkt weiß, als Konzepte über Objekte bestimmten und alle herkömmlichen Beziehungen zur realen Welt auf den Kopf gestellt waren. Nichtsdestotrotz ist der Widerspruch zwischen dem, was greifbar oder offensichtlich vorhanden ist, und dem, was denkbar ist, ein zent-

2 | Vgl. Francis Ponge, (1972) My Creative Method, in The Voice of Things, Übers. Beth Archer, McGraw-Hill, New York, S. 93.

raler Gedanke für Künstler in unserer digitalen und simulierten Zeit. Materie und ihre Manifestationsformen sind zu einem kritischen, umkämpften Terrain geworden. Der amerikanische Theoretiker Bill Brown schreibt: *Vielleicht verstecken sich Dinge in den dunklen Ecken des Festsaals und lauern dort noch lange, nachdem sich das Subjekt und Objekt bereits verabschiedet haben – lange, nachdem die Party vorüber ist.*[3] Da wir Dinge nicht eigentlich begreifen können, sondern nur partiell oder indirekt, ergibt sich die Schlussfolgerung, dass sie durch den Akt des Betrachtens in Objekte verwandelt werden. Aufgrund der fehlenden Vollständigkeit, des Mangels an Gewissheit sind Dinge von einem Mysterium umgeben. Bei Objekten hingegen, um Browns Gedankengang weiter zu folgen, handelt es sich um Dinge am Rande unseres Be-

3 | Vgl. Bill Brown, Thing Theory, Critical Inquiry, Herbst 2001, S. 3.

wusstseins, die kraft unseres Sehvermögens und mithilfe der Sprache in dessen Zentrum gerückt werden, denn Objekte zeichnen sich durch spezifische visuelle Merkmale aus und tragen besondere Namen. Untersucht man Op de Beecks Œuvre, zeigt sich, dass er sich „auf die Seite der Dinge schlägt", um es mit Ponge zu formulieren. Obwohl der Künstler in seinem Werk Installation, Skulptur, Malerei, Zeichnung, Video, Computergrafik, Theater und Sound miteinander verschmilzt, steht am Ende eine ausgeprägte Vorliebe für die materielleren Angelegenheiten der Kunst. Die enge Verbundenheit mit den Dingen drückt sich in dem beharrlichen Bestreben des Künstlers aus, die Welt so abzubilden, wie er sie sieht – als Lebensraum, aus dem alle Farbe entwichen ist und in der jedes Objekt auf einen Typus reduziert ist, der immer und immer wieder wiederholt wird. Zwar könnten sich durch Wiederholen Gewissheit und Vertrauen in stabile Werte einstellen, aber in Op de Beecks Werk ist Wiederholung eher eine Art des Einstudierens. Letztendlich sind die Dinge in seinen aufwendigen Inszenierungen Platzhalter, keine dauerhaften, verlässlichen Signifikanten, sie sind Zeichen in einem immer anderen Spiel. „Warte ohne Gedanken, denn du bist nicht bereit für Gedanken", schreibt der in Amerika geborene Lyriker T. S. Eliot – Dinge sind auf dem Weg, ins Dasein zu gelangen; sie sind nicht mehr bloße Materie, doch ebenso wenig schon in einem Stadium, um als Objekte definiert zu werden. Vielleicht existiert zwischen Kunstwerken und Dingen eine besondere Verbundenheit, denn sie zeichnen sich beide durch einen Mangel an Stabilität, eine dialektische Natur – kurz, ein Nicht-fertig-Sein – aus. Op de Beecks Installation The

Pond Room (2017) im Kunstraum Dornbirn ist eine größtenteils monochrome Gartenlandschaft, die nicht etwa im Freien angesiedelt, sondern vielmehr in das Innere eines Gebäudes versetzt wurde, wo sie sich in einen geschützten Hort verwandelt. Das Szenario vermittelt die Künstlichkeit eines Wintergartens der Art, wie sie im 19. Jahrhundert in der nördlichen Hemisphäre erdacht wurden – verglaste Konstruktionen, in denen Pflanzen untergebracht waren. Die Gemälde, die der russische Zeichner Edward Petrovich Hau 1865 vom Winterpalais in St. Petersburg schuf, zeigen eine große Halle mit einem verglasten Dach und einem verschwenderisch bepflanzten Garten in ihrem Inneren. Solche künstlichen Gärten waren Orte, an denen man lustwandeln konnte, sie eigneten sich für geselliges Beisammensein, boten aber auch Abgeschiedenheit für stille Kontemplation. Natur ist ein Thema, das in Op de Beecks Werk häufig zutage tritt, in der Regel jedoch in gezähmter Form und unterschiedlichen Größen: eine konstruierte Landschaft, ein öffentlicher Park, ein privater Garten. In jedem Fall dominiert die künstlerische Gestaltung den Raum, der Künstler formt und inszeniert das gesamte Erscheinungsbild. Er bestimmt die Gestaltung von den atmosphärischen Qualitäten bis hin zum allerletzten Detail. Die Liebe zum Detail tritt dadurch, dass jede Komponente der Installationen und skulpturalen Werke von Hand gemacht ist, noch deutlicher zutage. Hierbei geht es nicht nur um die Frage der Autorschaft, es ist auch ein Verweis auf das beständige Werden der Dinge – sie sind nie zur Gänze gemacht, vielmehr stets im Prozess, gemacht zu werden. Op de Beecks Interesse gilt weniger den Objekten, wie es wohl der Fall wäre, wenn er mit objets trouvés oder Ready-mades arbeiten würde. Und durch das Festhalten an skulpturaler Formung bleibt gewährleistet, dass die Werke aus dem Material heraus entstehen – aus grauem Gips, Kunstharz, Glas –, ohne je eine Existenz als verifizierbare Objekte geführt zu haben. Für den Künstler ist ein Kunstwerk folglich ein Ding in einem immerwährenden prozessualen Zustand – zunächst vom Künstler geformt und dann an den Betrachter übereignet, der den Gestaltungsvorgang fortsetzt. Wenn ein Objekt als fertiggestellte, abgeschlossene Einheit bezeichnet werden kann, so bleibt ein Ding in zeitlicher Hinsicht flüssig und räumlich mehrdimensional. *Zeitlich gestreckt als das Davor und Danach des Objekts ist Dingsein ein latenter Zustand (das noch nicht Geformte oder noch nicht Formbare) und ein Überschuss (das, was physisch oder metaphy-*

sisch nicht auf Objekte reduzierbar ist).[4]
The Pond Room funktioniert als abge-
schlossener Garten, wobei die Blüten
der Kirschbäume inmitten der dunklen Grau- und Schwarztöne der Installation die einzigen farbigen Akzente
sind. Chesterfield Sofas aus grauem
Gips auf einem Kiesboden sind um ein
rechteckiges Becken von beachtlicher
Größe gruppiert, die spiegelnde Ober-
fläche aus schwarzem Glas mit ebenfalls gläsernen Seerosen garniert. Die
schwarzen Stämme der Bäume wech-
seln sich mit großen Felsbrocken ab,
die in regelmäßigen Abständen plat-
ziert sind. Ein kleiner schmuckloser
Schuppen in Grau mitsamt Werkzeu-
gen und einer Schubkarre vervollstän-
digt das Arrangement. In der Szenerie
vermischen sich Aspekte, die einem
formalen japanischen Garten entlehnt
sein könnten, mit solchen aus einem

4 | Bill Brown, ebd., S. 5.

historischen Salon, einer luxuriösen Teichanlage in einem Kurort und einem Schrebergarten, in dem gearbeitet wird. Doch kann keiner dieser Orte als sui generis erachtet werden. Vielmehr sind es bruchstückhaft, fragmentarisch dargestellte Orte, wobei jeder einzelne in seiner Wirkung von den anderen verstärkt und zugleich geschwächt wird. Die in der Installation benutzten Elemente, Teil eines sehr persönlichen Universums bildnerischer Impulse, sind vom Künstler auf eine Art und Weise orchestriert, die an mnemotechnische Praktiken erinnert – die seit der Antike bekannte Gedächtniskunst, wobei das Erinnerungsvermögen unterstützt wird, indem man sich eine Abfolge exemplarischer Gegenstände in einem bestimmten architektonischen Kontext vorstellt. Wenn es zutrifft, dass Op de Beecks Objekte unmittelbar wiedererkennbar sind, dann ist das sicherlich beabsichtigt, denn durch Wiederholung und Vervielfältigung stellt sich Vertrautheit ein. In jedem Fall aber unterscheiden sich die Kopien von den Originalen, die sie inspiriert haben, auf subtile Art, und es sind tatsächlich diese unterschwellig merklichen Unterschiede, die eine problemlose Lesbarkeit erschweren. Durch Abweichungen in Form oder Farbe, Wahl des Materials und vor allem durch die Platzierung einzelner Elemente und die Kombination mit anderen spannt der Künstler ein Netz von Bezügen auf, die dem Betrachter vertraut, in der Zusammenstellung jedoch häufig widersprüchlich sind. Bei den Sofas handelt es sich um Repliken der berühmten Ruhemöbel mit den typischen tief eingesetzten Knöpfen, die für Lord Stanhope, den Earl of Chesterfield, im England des 18. Jahrhunderts entworfen worden waren – ikonische Patriziermöbel, wie sie in Palästen, Gentlemen's Clubs, Besprechungszimmern von Ärzten oder Rechtsanwaltsbüros, neuerdings aber auch in schmuddeligen Billardsalons anzufinden sind – an Orten, die allesamt mit männlicher Macht, also solchen Betätigungsfeldern assoziiert werden, die traditionell dem männlichen Geschlecht vorbehalten blieben. Der hier suggerierte Gebrauch als Ruhemöbel im Außenbereich steht natürlich auch im Widerspruch zu ihrer normalen Verwendung in Innenräumen, wie auch die Gegenwart einer wohl der Tradition chinesischer oder japanischer Miniaturgärten entlehnten Teichanlage und des Felsgesteins. Die Seerosen, die das vulkanische Gesteinsglas des Wasserbeckens akzentuieren, sind in diese östlichen Traditionen gestellt, rufen aber zugleich Claude Monets berühmte Seerosen-Bilder in Erinnerung, seine Darstellungen der kunstvoll konstruierten Gärten in Giverny, deren Vervollkommnung er sich von 1883 bis 1926 widmete und sich dabei vom Orient inspirieren ließ. Monet war unablässig damit beschäftigt, die Gärten zu verbessern und immer wieder umzugestalten, um sie an die Bedürfnisse der zahlreichen Gemälde anzupassen, die er bis zu seinem Tod vor Ort schuf – ein ungewöhnliches Beispiel, wobei das Leben der Kunst nacheifert. Die Seerosen-Bilder Monets, riesige wandfüllende Paneele, erhielten ein Heim im Musée de l'Orangerie in Paris. Zwei nebeneinanderliegende ovale Räume wurden vom Künstler in enger Zusammenarbeit mit dem Architekten Camille Lefèvre speziell konzipiert, um der Kontemplation der Werke das ideale Umfeld zu bieten. Die resultierende Verbindung zwischen den Malereien und der architektonischen Situation kann als hochkarätiges Beispiel einer

prototypischen Installation erachtet
werden. Allgegenwart fordert allerdings ihren Preis. Monets Bilder der
Gärten gehören zu den bekanntesten
Motiven der Kunstgeschichte, und
durch ihre endlose Reproduktion auf
Postkarten, Plakaten, Teetassen und
Handtüchern sind sie zu Klischees mu-
tiert, nunmehr mit dem Makel des Kitsches behaftet. Der deutsche Philo-
soph Walter Benjamin erklärt: „Träume sind mittlerweile eine Abkürzung
für Banalität."[5] Er setzt die Auswirkun-
gen des Kapitalismus mit einer Zunah-
me an Kitsch gleich, einem kulturellen
Phänomen, das mit massenproduzier-
ten, billigen Artefakten in Verbindung
gebracht wird und dessen Ursprünge
sich bis zur industriellen Revolution
des 19. Jahrhunderts zurückverfolgen
lassen. Der Begriff „Kitsch" wird ab-
wertend gebraucht, um auf einen popu-

5 | Vgl. Walter Benjamin, Traumkitsch, H.J. Balmes et al.,
S. Fischer Verlag, Frankfurt/Main, 2012.

lären Geschmack zu verweisen, der sich im Zuge des expandierenden Kapitalismus zunehmender Beliebtheit erfreut. Dementsprechend argumentiert Benjamin nahezu prophetisch, dass selbst unsere Träume von der Ikonografie einer Kultur infiltriert worden sind, in der das Profitdenken dominiert. Die kolumbianisch-amerikanische Schriftstellerin Celeste Olalquiaga bringt indessen eine weit kreativere Interpretation ins Spiel: *Kitsch heißt, sich in ein Bild zu versenken, darin einzutauchen ... die Schwelle zu einer parallelen Dimension zu überschreiten, die jederzeit vorhanden ist, eine Schattenwelt. [Er] ist ein Zauber, dem man erliegt ... zwischen Traum und Wirklichkeit ... Kitsch ist die Welt, wie wir sie uns wünschen, nicht so, wie sie ist.*[6] Kitsch repräsentiert den Drang, die Welt um uns herum zu beherrschen und zu konservie-

6 | Celeste Olalquiaga, The Artificial Kingdom: a Treasure of the Kitsch Experience, Bloomsbury, London, 1999, p.97-8.

ren und den natürlichen Zerfall, den die Zeit mit sich bringt, aufzuhalten – eine Geisteshaltung, wie sie etwa auch aus den außergewöhnlichen Glasblumen der deutschen Kunsthandwerker Rudolf und Leopold Blaschka spricht. Die annähernd viertausend Exemplare sind als Teil der Ware Collection im Harvard Museum of Natural History in Cambridge, Massachusetts, ausgestellt. Die in Handarbeit angefertigten Artefakte aus dem 19. Jahrhundert, jedes einzelne ein Unikat, verwandeln das alltägliche Material mit einer außergewöhnlich kunstvollen Virtuosität und erheben Mimesis und Duplikation zu hoher Kunst. Op de Beecks pflanzliche Artefakte, seine aus Glas gegossenen Seerosen und die Blütenpracht der Kirschbäume, verstärken den Sirenengesang des Kitsches. Das Wachsen und Vergehen der Pflanzen korrespondiert mit dem zyklischen Wandel der Jahreszeiten, die ihrerseits wiederum die Abschnitte und Stationen des menschlichen Lebens symbolisieren. Dementsprechend verwandelt sich eine rosa Blüte an einem schwarzen Zweig von einem einfachen Stofffetzen in ein mnemotechnisches Instrument, das uns das Verfließen der Zeit zu Bewusstsein bringt und ihr Fortschreiten für einen kurzen Moment anzuhalten vermag. Das Kombinieren des Steingartens mit dem Wohnzimmermobiliar und dem künstlichem Teich hat zur Folge, dass die Aufmerksamkeit des Publikums weniger auf die individuellen Elemente, sondern eher auf die Gesamtwirkung als solche gerichtet ist. In gelungener Weise nebeneinandergestellt oder miteinander verbunden, sind die materiellen Komponenten der Inszenierung nunmehr in den Dienst der Atmosphäre gestellt, dem Spezialgebiet des deutschen Philosophen Gernot Böhme:

Doch die Atmosphäre als solche ist kein Ding; es ist vielmehr etwas Schwebendes, etwas, das zwischen den Dingen und den sie wahrnehmenden Subjekten entsteht. Das Erzeugen einer Atmosphäre beschränkt sich daher auf das Erschaffen von Bedingungen, unter denen die Atmosphäre zutage tritt. Diese Bedingungen bezeichnet man als generierende Faktoren. Der wahre Charakter eines Erzeugens, das nicht aus dem eigentlichen Produzieren eines Dings besteht, sondern daraus, das Erscheinen eines Phänomens durch die Schaffung von Bedingungen herbeizuführen.[7] Wir könnten versucht sein, uns solche Bedingungen als flüchtig und immateriell vorzustellen, und sicherlich ist der Pond Room von einer besonderen Atmosphäre durchdrungen, aber dennoch haben wir es mit einem Szenario zu tun, das sorgsam konstruiert ist, um in den Besu-

---

[7] | Vgl. Gernot Böhme, Atmosphäre, in: Die Kunst des Bühnenbildes als Paradigma einer Ästhetik der Atmosphären S. 101-111, Suhrkamp, Berlin, 2013.

chern ein gewisses Spektrum an Emp-
findungen hervorzurufen, wenn sie in
die Situation eintauchen. Der wegweisende österreichisch-amerikanische
Architekt und Theoretiker Frederick
Kiesler, der als der Vater des Installati-
onsdesigns gilt, war sich der wechsel-
seitigen Beziehung, die zwischen einem Objekt und seinem Umraum besteht, sehr wohl bewusst. Er schreibt:
*Das traditionelle Kunstobjekt, eine Ma-
lerei, eine Skulptur, ein architektoni-
scher Bau, wird nicht länger als abgeschlossene Einheit erachtet, sondern ist
vielmehr im größeren Kontext seines Um-
feldes zu sehen. Das Umfeld ist ebenso
wichtig geworden wie das Objekt, wenn
nicht noch wichtiger, denn das Objekt
haucht seinen Atem in die Umgebung aus
und atmet die Realität der Umgebung
ein, ganz gleich, in welchem Raum, ob
eng oder weit offen, ob unter freiem Him-
mel oder im Innenbereich.*[8] Op de Be-

ecks Rauminstallationen sind demzufolge Orte, an denen gewisse Bedingungen erzeugt werden, die zu besonderen Atmosphären führen. Ebenfalls in der Ausstellung im Kunstraum Dornbirn gezeigt ist die Videoarbeit Staging Silence 2 (2013), und zwar, unpassend eigentlich, im bescheidenen Rahmen eines kleinen grauen Geräteschuppens. Es ist der einzige abgedunkelte Raum in der ansonsten von Tageslicht durchfluteten Halle. In dem in Schwarz-Weiß gedrehten Video demonstriert der Künstler anschaulich, wie Atmosphären erzeugt werden können. Zu sehen ist eine kleine Bühne, auf der Miniaturszenarios mithilfe von Haushaltsgegenständen, Nahrungsmitteln und Konstruktionen entstehen. Musikalisch begleitet wird die Handlung von einer Komposition des Musikers Robin Rimbaud, alias Scanner; die eindringli-

8 | Vgl. Frederick Kiesler, zitiert in Barbara Staniszewski,
The Power of Display, 1998, S. 8.

chen elektronischen Klänge kommen aus einem Verstärker und sind in der gesamten Installation und überall im Gebäude zu hören. Von den Seitenrändern links und rechts reichen Hände ins Videobild; in der Manier eines Schattenspiels oder Marionettentheaters rollen sie Landschaften aus, schalten das Mondlicht ein oder bringen Wetterphänomene ins Spiel, während sie Inseln oder auch ganze Städte abwechselnd aufbauen oder niederreißen. Der Künstler ist in die allmächtige Rolle des Welten-Erbauers geschlüpft, doch zugleich verlieren wir die liliputanischen Dimensionen seiner Schöpfungen nie aus den Augen, was seinem Flimmerkasten-Kino einen Anflug von Charme und Bescheidenheit verleiht. Dazu kommt, dass der Künstler, indem er den Film in dem kleinen Schuppen zeigt, die bereits verkleinerten Dimensionen um ein Weiteres reduziert – und somit das Paradoxon einer miniaturisierten Miniatur entsteht. The Pond Room lädt Besucher zur aktiven Mitwirkung ein, allerdings ist nicht eine Interaktion mit dem Werk oder gar das Verändern von Komponenten gefragt, sondern es geht vielmehr um den Akt der Kontemplation. Für Op de Beeck ist Kontemplation tatsächlich das Handeln eines engagierten Erfüllungsgehilfen und nicht die passive Folgebereitschaft eines Betrachters. Demzufolge liegt der Sinn unseres Eintauchens in sein Werk nicht im Verändern der materiellen Eigenschaften seiner Struktur, sondern vielmehr darin, unsere sinnliche Wahrnehmung, den Intellekt und das emotionale Empfindungsvermögen zu gebrauchen. Kurz gesagt, der Künstler ersucht uns, sein Publikum, gegenwärtig zu sein.

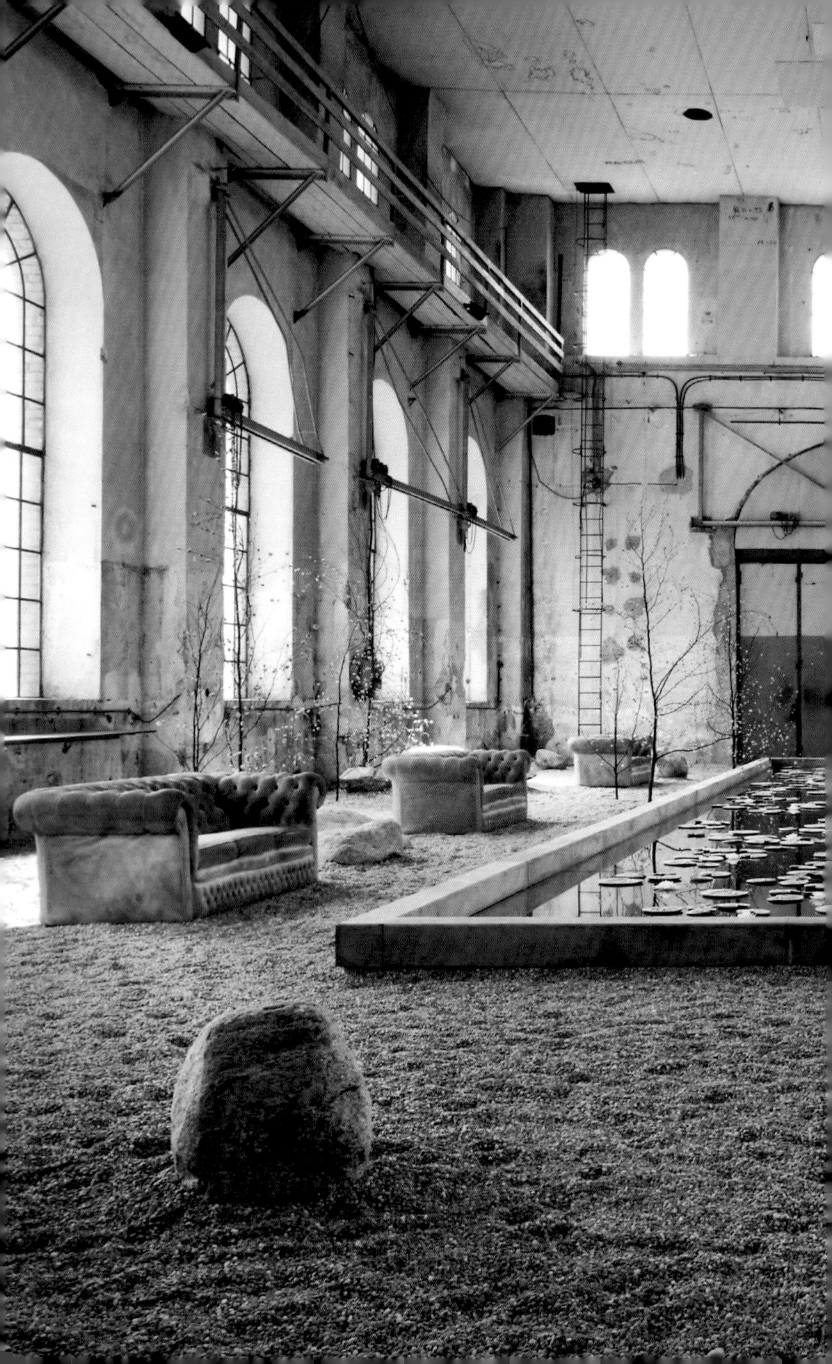

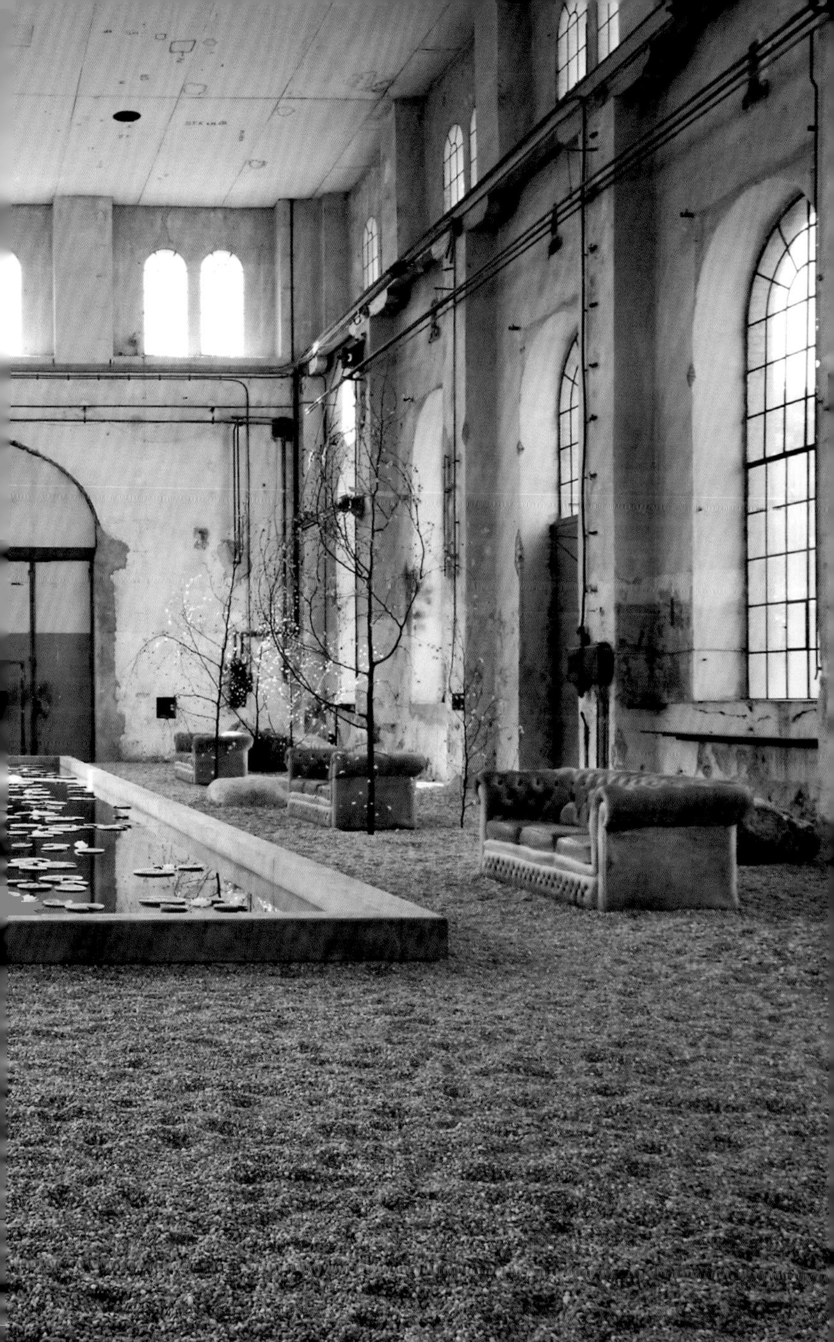

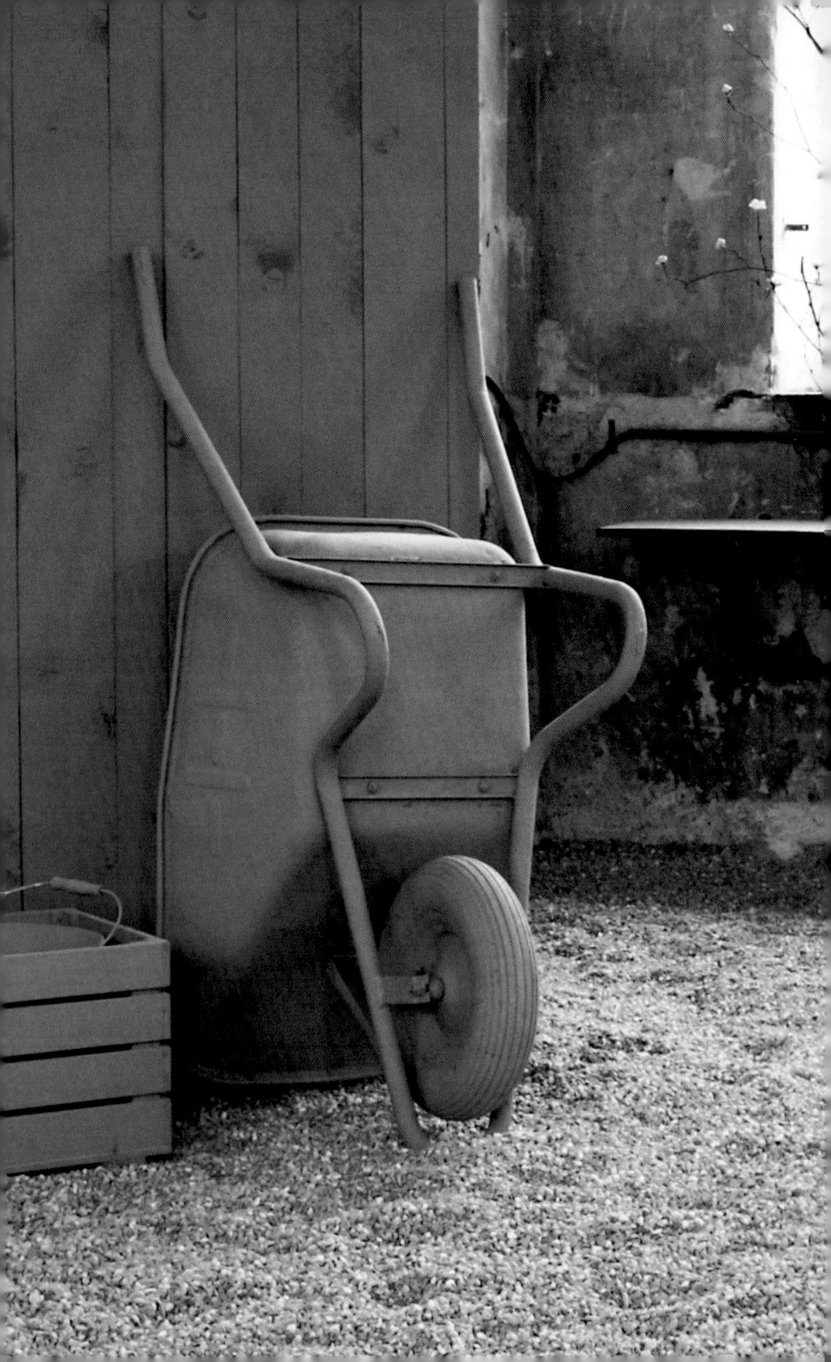

SPECTATORS, ALWAYS, EVERYWHERE, TURNED TOWARD THE WORLD OF OBJECTS [1]

by
Nicolas de Oliveira
Nicola Oxley

1 | Rainer Maria Rilke, Duineser Elegien, Chapter 8

The seminal French poet Francis Ponge tells us that 'ideas give me a queasy feeling, nausea,' whereas 'things in the external world delight me.'[2] Things provide relief from ideas, since they allow us to focus on what we encounter, what we stumble over, rather than what can be thought. The Belgian artist Hans Op de Beeck works with the knowledge of the Post-Conceptual generation that all art today is indebted to ideas – following a caesura when concepts came to dominate objects and traditional relations with the physical world were overturned. Nevertheless the disjuncture between what is palpable or manifestly present and what can be conceived of has become one of the key preoccupations for artists in our digital and simulated time. Matter and its incarnation has become a critical, contested ground. The American theorist Bill Brown

2 | Francis Ponge, (1972) My Creative Method, in The Voice of Things, Beth Archer, trans., McGraw-Hill, New York, p.93.

writes: *Things may lurk in the shadows of the ballroom and continue to lurk there after the subject and object have done their thing, long after the party is over.*[3] It follows that, since we cannot apprehend things except partially or obliquely, the act of looking at them transforms them into objects. It is due to the thing's very lack of completeness, of certitude, that they harbor mystery. According to Brown's line of thought, objects are, by contrast liminal things brought back into the fold of knowledge by force of vision and language, since objects are defined by specific visual characteristics and carry particular names. When examining Op de Beeck's oeuvre, one can distinguish a distinct 'siding with things' as Ponge wrote. Although the artist's work seamlessly blends installation, sculpture, painting, drawing, video, CGI, theatre,

3 | Bill Brown, Thing Theory, Critical Inquiry, Autumn 2001, p.3.

and sound, we are left with a palpable predilection for art's more material concerns. The artist's closeness to things is exemplified in the insistence to depict the world as he sees it – a vision of the environment bled of colour, reducing objects to types that are repeated over and again. Repetition might suggest certainty and confidence in stable values, though Op de Beeck's work considers repetition a form of rehearsal. By elaborately staging things they come to function as placeholders, as markers in an ever-changing game, rather than as steady or reliable signifiers. 'Wait without thought, for you are not ready for thought', writes the American-born poet T.S.Eliot – things are in the process of coming into being, no longer mere materials as such, nor quite ready to be defined as objects. Perhaps there is a special affinity between artworks and things, since both are distinguished by their lack of stability, their dialectical nature – in short, their unreadiness. Op de Beeck's Installation The Pond Room (2017) at Kunstraum Dornbirn brings a largely monochrome exterior garden-scape into the shelter of a building, transforming it into an interior dwelling. The setting evokes the artifice of winter gardens from the 19th century in the Northern hemisphere, in which plants were housed in specially designed glass conservatories. Russian draftsman Edward Petrovich Hau's paintings of the Winter Palace at St. Petersburg from 1865 show a large hall with a glazed roof housing a lavishly planted interior garden. Such artificial gardens were used for walks, social encounters, but also for solitary contemplation.The theme of nature recurs frequently throughout Op de Beeck's work, but generally as controlled environments of different scales: a constructed landscape, a public park, a private garden. In each case, the space is defined by the design of the maker, using artifice to forge and direct its aspect. The artist shapes the overall design, its atmospheric qualities, as well as the most trivial minutia. This attention to detail is further emphasized through the fact that every part of the installations and sculptural works is made by hand, invoking not only close control of authorship, but also a perpetual becoming of things – never entirely made, but in the making. Arguably, Op de Beeck is less concerned with objects, as he might be if he were working with objets trouvés or readymades, and the insistence on sculpting ensures that the works arise directly from the material itself – grey plaster, resin, glass – having no prior existence as verifiable objects in the external world. For the artist, a work of art is then a thing perpetually in process – fashioned by the artist and transferred to the viewer who continues the shaping process. If an object can be described as a resolved, hermetic entity, a thing remains temporally fluid and spatially multidimensional. *Temporalized as the before and after the object, thingness amounts to a latency (the not yet formed or the not yet formable) and to an excess (what remains physically or metaphysically irreducible to objects).*[4] The Pond Room functions as an enclosed garden with its blooming cherry trees the only vestige of colour in the midst of the somber grey and black tones of the installation. Grey plaster Chesterfield sofas set in gravel surround a vast reflective, rectangular pool, made from black glass and topped with glass water lilies. The trees with their blackened trunks alternate with

4 | Bill Brown, ibid, p.5.

large rocks set at regular intervals. A small rustic grey shed with tools and a wheelbarrow complete the setting. The scene melds aspects of a formal Japanese garden, a historical drawing room, a luxurious pool at a spa facility, and a working allotment. But none of these locations can be said to be sui generis. Instead, they appear as partial, fragmentary renditions of places, each one augmented, yet encumbered by the next. Indeed, the elements used in the installation form part of a collection of personal pictorial triggers employed by the artist, echoing aspects of the ancient art of memory, in which stock items were dispersed along an architectural route in order to facilitate remembrance. If Op de Beeck's objects are immediately recognizable, they ought to be, since repetition and duplication breed familiarity. In each case, however, they differ subtly from the originals that might have inspired them, and it is indeed this difference that destabilises their overt readability. By altering shape, material, colour, and – most crucially – the relative placement and juxtaposition of each element, the artist entangles the viewer in a web of ubiquitous, yet often contradictory references. The sofas – deep-buttoned replicas of the famous settees developed for Lord Stanhope – the Earl of Chesterfield – in 18th century England, are iconic items of patrician furniture installed in palaces, gentlemens' clubs, doctors' and lawyers' consulting rooms, but also, latterly, in dingy pool-halls – all places of masculine power and pursuit. Moreover, their usual disposition in interior spaces is inconsonant with their use as outdoor lounging furniture, as indeed is the presence of a formal pond and rockery belonging perhaps in the tradition of Chinese and Japanese miniature gardens. The water lilies that punctuate the obsidian glass of the pond are steeped in these Eastern traditions, yet they also recall Claude Monet's famous paintings of the elaborate orientally-inspired gardens he constructed at Giverny from 1883 to 1926. Monet continuously augmented and redesigned the gardens in order to fit the requirements of the large body of paintings which he went on to produce on site until his death – an extraordinary example of life imitating art. The vast wall-sized panels from the Nymphéas series, depicting the ponds with water lilies, were housed in the Musée de l'Orangerie in Paris. The two adjacent oval rooms were especially designed by the artist in close collaboration with the architect Camille Lefèvre to provide the ideal setting to contemplate the works. The resulting fusion between the paintings and the architectural setting can be considered as an extraordinary proto-installation. Ubiquity, however, exacts a price. Monet's paintings of the gardens are among the most well known images in the history of art, and their endless reproduction on postcards, posters, teacups and towels has turned them into clichés, cheapened by the taint of kitsch. German philosopher Walter Benjamin asserts: Dreams are now a shortcut to banality.[5] He equates the effects of capitalism with the growth of 'kitsch', a cultural phenomenon associated with mass-produced, cheap artifacts that find their origins in the industrial revolution of the 19th Century. Kitsch is used pejoratively as an indicator of popular taste promulgated by the expansion of capitalism. Benjamin thus argues presciently that our very dreams have been infiltrated by the iconography of a cul-

5 | Walter Benjamin, The Work of Art in the Age of its Technological Reproducibility, and other Writings on Media, M.W.Jennings et al, E.Jephcott et al trans., Harvard University Press, Camb.Mass. and London, 2008, p.236.

ture governed by financial gain. Contrariwise Colombian-American writer Celeste Olalquiaga asserts a much more productive reading: *Kitsch is getting lost in an image, wandering into it…crossing the threshold of a parallel dimension that is always there, a shadow world. [It] is a spell to which one succumbs…half dream and half reality…kitsch is the world as we would like it to be, not as it is.*[6] Kitsch represents an urge to collect and ossify the world around us, arresting the decay of time, rather than letting it be, a sentiment shared by German artisans Rudolf and Leopold Blaschka's extraordinary glass-flowers. Numbering some 4000 hand-made specimens, they are housed in the Ware Collection of the Harvard Museum of Natural History in Cambridge, Massachusetts. These uniquely crafted 19th century artifacts elevate the mun-

6 | Celeste Olalquiaga, The Artificial Kingdom: a Treasure of the Kitsch Experience, Bloomsbury, London, 1999, p.97-8.

dane subject-matter through a master-class of sheer virtuosity that lifts mimesis and duplication into the realm of high art. Op de Beeck's plant specimens, glass-cast water lilies and cherry trees in full blossom enhance the siren-call of kitsch. The growth and decay of plants evoke the passage of the seasons, which, in turn, signal the intervals and way stations of life. Therefore, a pink bloom on a blackened stem is transformed from a scrap of fabric into a mnemonic device able to conjure up and momentarily arrest time's arrow. When combined with the rockery, living-room furniture and artificial pond the audience's attention is drawn from the individual elements to the overall effect. Appropriately juxtaposed or combined, the material elements in the choreography are placed at the service of the atmosphere, something of a specialist subject for the German philosopher Gernot Böhme: *But atmosphere itself is not a thing; it is rather a floating in-between, something between things and the perceiving subjects. The making of atmospheres is therefore confined to setting the conditions in which the atmosphere appears. We refer to these conditions as generators. The true character of a making, which does not really consist in producing a thing, but in making possible the appearance of a phenomenon by establishing conditions.*[7] We may think of such conditions as being ephemeral and intangible, and indeed, a certain atmosphere pervades The Pond Room, but the setting is carefully constructed to promote a range of sensations in the immersed audience. Seminal Austrian-American architect and theorist Frederick Kiesler, arguably the father of installation design, was well-aware of the reciprocal spatial

7 | Gernot Böhme, The Aesthetics of Atmospheres, Routledge, London, 2016.

relationship between an object and its setting. He wrote: *The traditional art object, a painting, a sculpture, a piece of architecture, is no longer seen as an isolated entity but must be considered within the context of this expanding environment. The environment becomes equally as important as the object, if not more so, because the object breathes into the surrounding and also inhales the realities of the environment no matter in what space, close or wide apart, open air or indoor.* [8] Accordingly, Op de Beeck's environments are places in which certain conditions are fashioned, leading to atmospheres. The videowork Staging Silence 2 (2013) is reprised, incongruously in the exhibition at Kunstraum Dornbirn within the humble setting of a small grey garden shed. It is the only darkened space within the otherwise daylit hall. The black and white footage

8 | Frederick Kiesler, cited in Barbara Staniszewski,
The Power of Display, 1998, p.8.

is a demonstration by the artist of how atmospheres might be made. It depicts a small stage on which miniature scenarios involving everyday household objects, foodstuffs and constructions are played out to a sound-track by the composer Scanner, whose haunting sound is amplified throughout the building in the overall installation. In the video hands appear in the margins of the screen, in the manner of a shadow play or puppet-show, to roll out landscapes, switching on moonlight, conjuring up weather, whilst building islands and entire cities and tearing them down in turn. The artist is cast in the role of omnipotent worldmaker, though we are always aware of the Lilliputian dimensions of his creations, bestowing an air of charm and modesty to his magic box theatre. Moreover, by screening the film within the small shed the artist further reduces its already scaled-down dimensions –producing the paradox of a miniaturized miniature. The visitor to The Pond Room is invited to take part in the work, through a contemplative act, rather than by interacting with or altering any of its components. For Op de Beeck, contemplation is indeed the act of an engaged agent instead of the passive compliance of a viewer. Accordingly, the point of immersion in his work is not to change the physical nature of its fabric, but to harness sensory perception, intellect and emotion. In short, the artist asks the audience to be present.

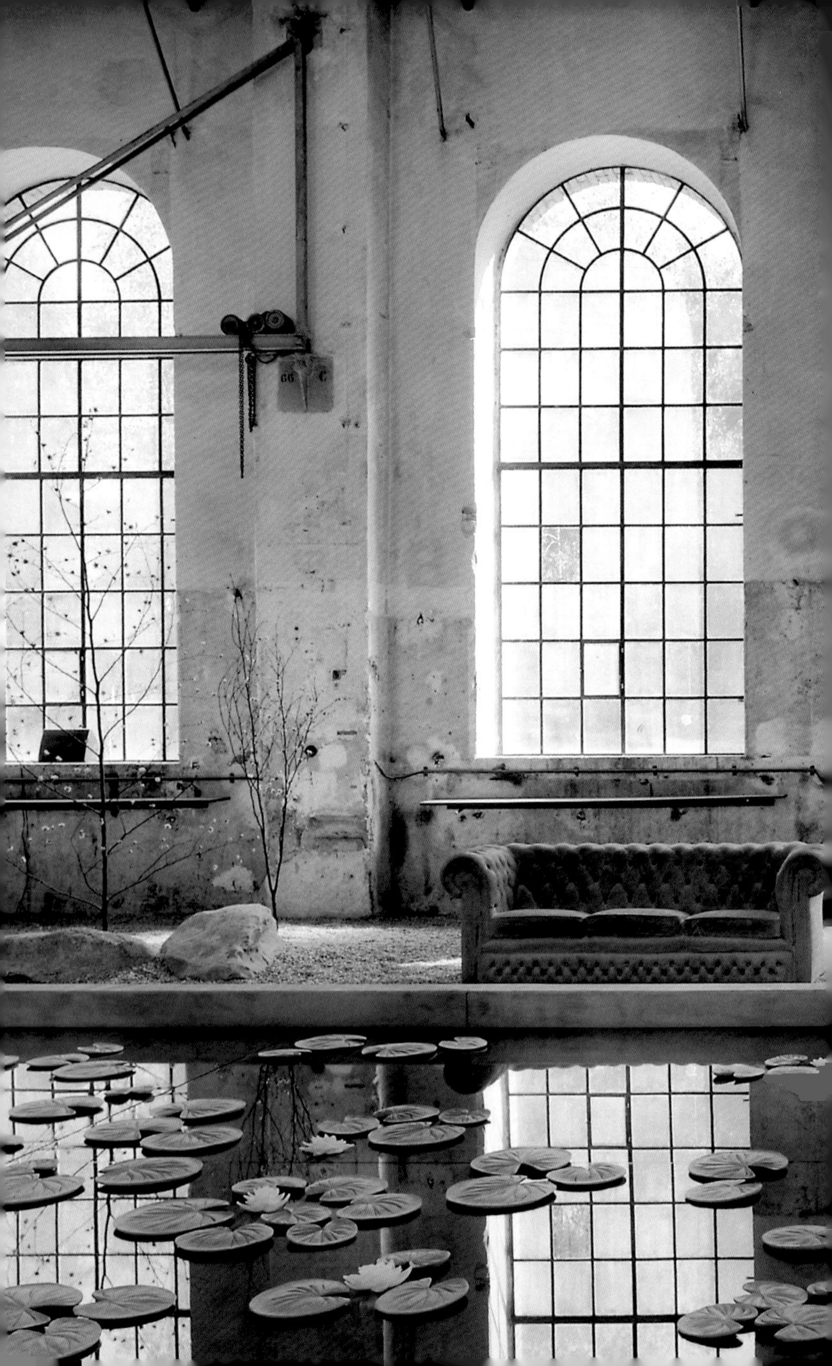

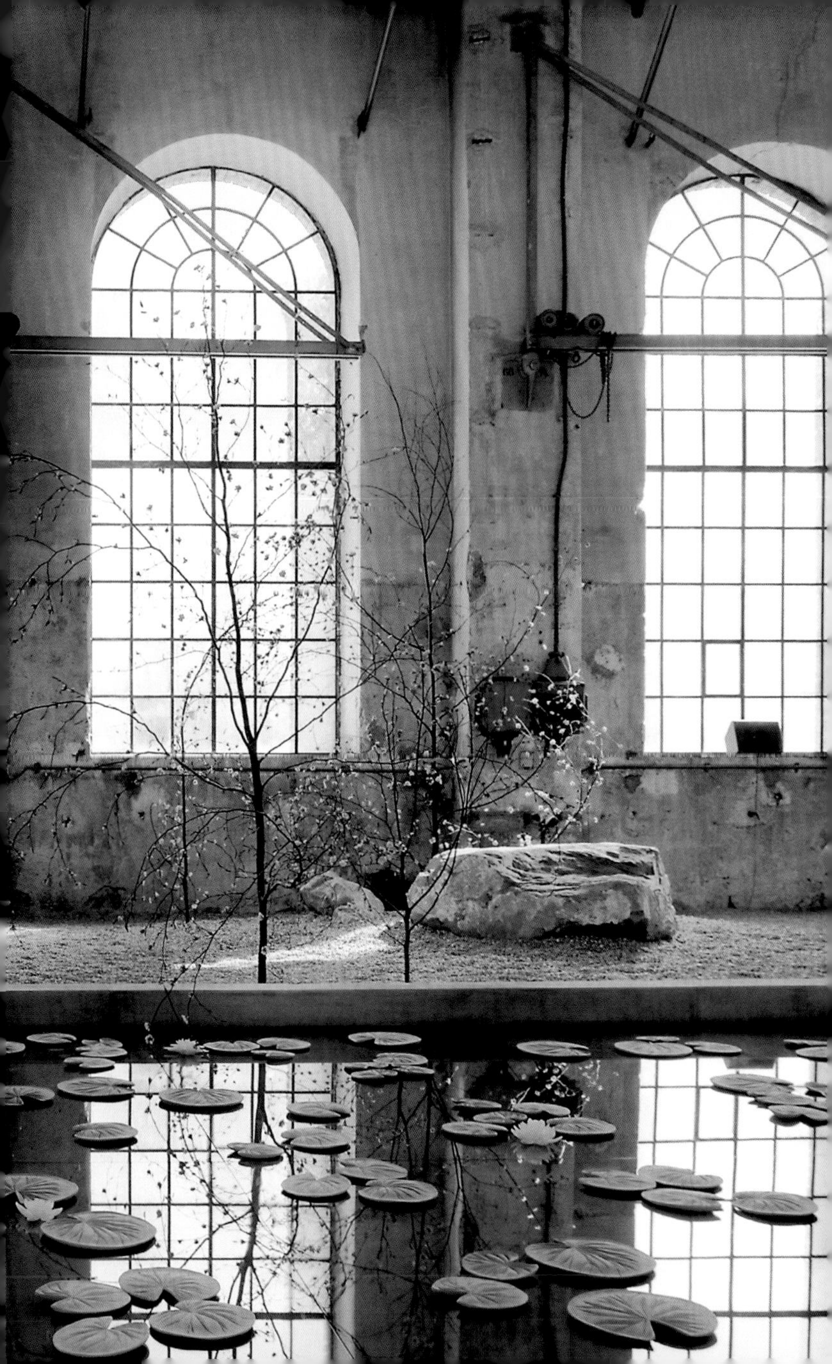

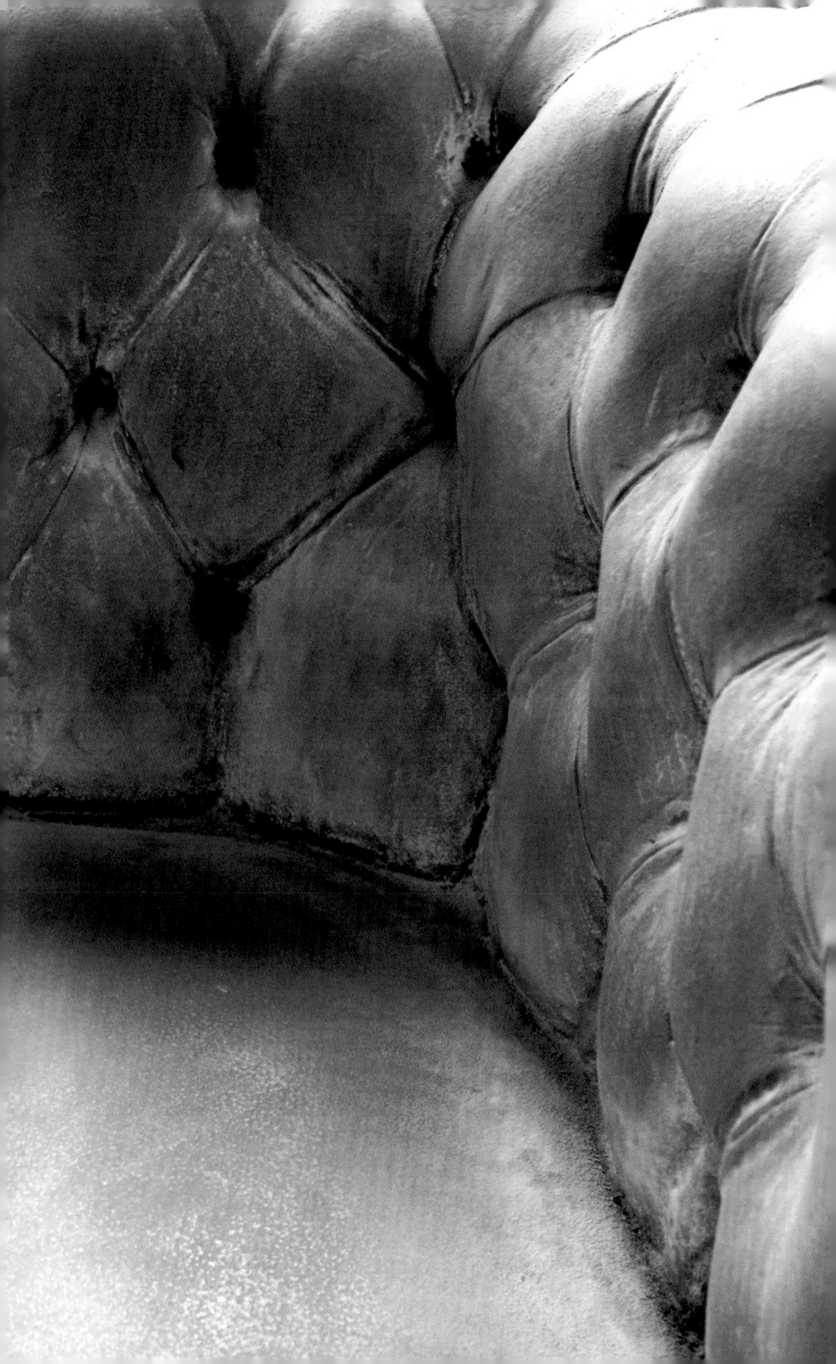

HANS OP DE BEECK
IM GESPRÄCH

mit
Thomas Häusle und Herta Pümpel
vom Kunstraum Dornbirn

K Du hast Malerei studiert, arbeitest jedoch intensiv in unterschiedlichen künstlerischen Disziplinen gleichzeitig: als visueller Künstler, Fotograf, Bühnenbildner, Schriftsteller, Regisseur. Wie ist es zu dieser multidisziplinären Praxis gekommen?

H Es ergab sich alles ganz spontan, ohne Plan oder Strategie. Irgendwie begann mein Werk aus sich heraus nach neuen Medien, neuen künstlerischen Disziplinen zu verlangen, ohne dass ich mich absichtlich dafür entschieden hätte, immer andere Ausdrucksformen hinzuzufügen. Das, was ich tue, ist im Wesentlichen ein Inszenieren, das Heraufbeschwören einer Parallelwelt, in die man eintauchen kann und die das Leben, so wie wir es kennen, reflektiert. Indem ich Elemente des tagtäglichen Lebens abstrahiere, hoffe ich, Situationen zu erschaffen, die Ruhe ausstrahlen und zum Nachdenken anregen. Irgendwie wäre es zwar wünschenswert, all das in nur einer einzigen Disziplin ausdrücken zu können, aber offenbar scheine ich jemand zu sein, der mehrere Formen braucht, um seiner Kunst Gestalt zu verleihen.

K Auf der einen Seite entführt dein Werk den Betrachter in Alltagswelten, wie etwa in deinem Video Determination, und auf der anderen finden wir uns in Inszenierungen wie zum Beispiel The Collector's House in eine sterile, künstliche Atmosphäre versetzt, die den Eindruck vermittelt, als sei die Zeit zum Stillstand gekommen. Wie kommen das Alltägliche und die gleichzeitig künstlich erzeugte Distanz zum Alltagsleben und dem Alltäglichen in deiner Kunst zusammen?

H Um ehrlich zu sein, weiß ich nicht, wie das geschieht. Als allererster Betrachter meines eigenen Werks versuche ich, alles bis zu dem Punkt hin feinzustimmen, an dem die Künstlichkeit meiner Bilder zu etwas Glaubwürdigem wird, die Fälschung sich in etwas verwandelt, das als authentisch erlebt wird. Ob mir das in Hinblick auf andere – die Betrachter meines Werks – gelingt oder nicht, ist nie sicher. Im Laufe der Jahre habe ich festgestellt, dass ich es in meinen besten Werken anscheinend geschafft habe, das nötige Gleichgewicht zu erreichen, damit sich diese Wirkung einstellt. Ich glaube, hilfreich war dabei, dass ich es an einem bestimmten Punkt aufgegeben habe, künstlerisch korrekt sein zu wollen: Ich begann, Kitsch mit Design zu vermischen, eine barocke Ästhetik mit minimalistischen Elementen oder klassische Stile mit zeitgenössischen Motiven aus der Subkultur ... Dadurch, dass ich so verfuhr, thematisieren und hinterfragen nun alle diese Dinge gemeinsam, was gegebenenfalls als echt wahrgenommen wird und was nicht. Banale Gegenstände können sich in kostbare, enigmatische Objekte verwandeln, und wertvolle Dinge in billigen Schund. Ich versuche einerseits, die Komplexitäten des zeitgenössischen Lebens aufzugreifen, und andererseits auch solche Fragen anklingen zu lassen, die auf der Hand liegen, die schlicht und zeitlos sind.

K Sind deine fiktiven Szenarios bewusst geschaffen, um Realität zu erzeugen?

H In meinen Werken geht es um ein Evozieren, kein Simulieren. Wenn ich Realität simulieren wollte, würde ich eine Ästhetik benutzen, wie sie beim Film üblich ist, das heißt, ich würde auf gefundene Möbel und alle möglichen anderen verfügbaren Requisiten zurückgreifen. Dadurch aber, dass ich alles von Hand fertige, die Realität skulptural interpretiere, maßen sich meine Arbeiten nie an, dir einreden zu wollen, dass das, was du siehst, echt ist. Sie geben ganz unverhohlen zu, Fälschungen zu sein, von Hand gestaltet, komprimiert, geknetet. In diesem Sinne sind sie mit der Idee in der traditionellen gegenständlichen Malerei verwandt, wo von vorneherein immer vollkommen klar ist, dass das Abgebildete im Grunde nichts weiter als eine Schicht Farbe auf Leinwand oder Holz ist. Wenn das Gefälschtsein als gegeben vorausgesetzt, also eine unbestreitbare Tatsache ist, hat man schon einmal ein faires Übereinkommen mit seinen Betrachtern erreicht. Und wenn die Betrachter dann für deine Fiktion empfänglich sind, kann die Fiktion zu authentischem Erleben werden; die Emotionen, die dann hervorgerufen werden, können echt sein, persönlicher Natur und für die jeweiligen Betrachter wertvoll.

к Wie in einem Suchbild versteckte Dinge schleichen sich die Fehler und Fallen, die du als „Nonsens" bezeichnest, in die perfekte Ästhetik und Harmonie deiner Installationen ein. In welchem Maß sind diese Absurditäten als erhobener Zeigefinger zu verstehen, der uns zum Nachdenken auffordern soll?

H Ich sehe es von meiner Seite eher als spielerisch, nicht als erhobenen Zeigefinger. Etwas, dem ich immer kritisch gegenübergestanden habe, ist, wenn Künstler vorgeben, schlauer als ihre Betrachter zu sein. Sie sind es nicht. Ich bin es nicht. Es mag wohl zutreffen, dass ein starkes Kunstwerk klüger als sein Schöpfer sein kann, aber es stimmt nicht, dass man als Künstler mehr vom Leben versteht als andere Menschen.

K Bei näherer Betrachtung des Werks im Kunstraum erschließt sich die Ironie der Chesterfield-Sofas im Umfeld des Zen-Gartens. Sind sie und ist dein Werk grundsätzlich ironisch, und welche Rolle spielt Humor in deiner Kunst?

H Ab und zu begrüße ich ein Augenzwin-
kern oder ein gelegentliches spieleri-
sches Element, da die generelle Stim-
mung in meinen Arbeiten meistens
eher ernst, abgeklärt und kontempla-
tiv ist. Aus diesem Grund beziehe ich
manchmal eine sehr leichte, dezente
Form von Ironie und Humor mit ein,
ohne es damit zu übertreiben. Ande-
renfalls würde man das Werk auf einen Witz reduzieren, und dann verlöre
es an Tiefe und Reichweite. Daher ziele
ich nicht darauf ab, grundsätzlich ironisch zu sein. Ich versuche mitunter jedoch durchaus, Ernsthaftigkeit mit einem leichten Lächeln auf den Lippen
zu verbinden.

K Ist die überwältigende Ästhetik an sich
auch eine Falle, kann sie gleichfalls als
Beispiel für deinen „Nonsens" gelten?

H Die Atmosphäre, in die man eintaucht,
die Grundstimmung in meinem Werk,

ist keine Falle, aber ganz sicher ist sie nicht echt; sie ist eine Konstruktion, vergleichbar mit einem Roman oder einem Theaterstück.

K Du verwendest hauptsächlich alltägliche oder gar banale Gegenstände und Materialien, um deine Werke zu schaffen, obwohl diese Dinge nicht im Duchamp'schen Sinne als Readymades benutzt, sondern vielmehr künstlerisch behandelt und bearbeitet werden. Dinge werden nicht durch die Platzierung, sondern mithilfe künstlerischer Gestaltung zu Artefakten. Welche Bedeutung hat diese sehr bewusste Abgrenzung?

H Es gibt viele Künstler, die auf brillante Art Readymades in ihrem Werk benutzen, hauptsächlich Installationskünstler, daher bin ich mir des enormen Potenzials, das darin liegt, bewusst. Aber an irgendeinem Punkt trifft man die Entscheidung, was für die eigene Arbeit am besten passt. Was mich anbelangt, habe ich das Gefühl, dass das von Hand gestaltete Objekt für mein eigenes Œuvre am geeignetsten ist, um meine Art der Fiktion, bei der es nicht um Simulation geht, zu erzeugen.

K Deine Installationen muten oft malerisch, poetisch, beinahe literarisch an. Das Werk Lounge zum Beispiel vermittelt eine Atmosphäre, die an Marcel Prousts *À la recherche du temps perdu* denken lässt. Welche Rolle spielen literarische Vorlagen in deinem Werk? Besteht eine Verwandtschaft zwischen deinen künstlerischen Narrationen und der Literatur?

H Bei meinen Arbeiten gehe ich einfach vom alltäglichen Leben aus, so wie ich es erlebe. Wenn in meinen Werken literarische Bezüge aufscheinen, ist das von mir nicht wissentlich intendiert. Natürlich fließt in alles, was man erschafft, die eigene Geschichte mit ein, die Persönlichkeit und die individuellen Erfahrungen des Künstlers. In diesem Sinne steht zu vermuten, dass Literatur oder zum Beispiel auch Filme meine visuelle Vorstellungskraft und Konzeptionen unbewusst beeinflusst haben.

K Betrachtest du dich selbst als Geschichtenerzähler?

H Da ich zunächst einmal kein Meta-Künstler bin, also keine Kunst über das Kunstmachen als solches mache, denke ich tatsächlich, dass es in meinem Werk darum geht, Schauplätze für potenzielle Geschichten zu inszenieren, mit denen sich die Betrachter, ausgehend von ihrer eigenen Lebenserfahrung, identifizieren können oder die ihnen etwas bedeuten.

K Die Arrangements alltäglicher Objekte in deinen modernen Stillleben erinnern an die Vanitas-Malereien des Barock. Ist das ein bewusster Verweis auf die Kunstgeschichte oder einfach eine Ausdrucksform, die du in deinem Werk aufgreifst?

H Na ja, ich denke, sowohl als auch.

K In Interviews hast du des Öfteren Jan Vermeer erwähnt, insbesondere seinen Umgang mit Licht. In der „Briefleserin in Blau" finden wir uns, wie auch in verschiedenen deiner Werke, mit einer bis ins kleinste Detail akkuraten und technisch perfekt ausgeführten Alltagssituation konfrontiert. Greifst du einfach auf Effekte zurück, die sich vielfach bewährt haben, oder steckt noch mehr hinter dieser offensichtlichen Beziehung?

H Vermeer macht in total unspektakulären Ereignissen und Situationen Stille spürbar und erfasst das zutiefst Wesentliche, unter anderem durch seinen besonderen Umgang mit Licht; das ist es, was ich von Meistern wie ihm gelernt habe. Es handelt sich dabei nicht um einen „Kunstgriff" oder einen „Effekt", das klingt zu negativ. Was ich gelernt habe, ist im Wesentlichen, dass das Thema deiner Arbeit an sich nicht „bedeutungsvoll" oder „gewichtig" sein muss, sondern dass die präzise Balance zwischen Form und Inhalt die eigentliche Bedeutung erzeugt. Durch die elementare Art, wie Morandi zum Beispiel drei Flaschen auf einem Tisch malte, wurden diese banalen Gegenstände mit echter Bedeutung erfüllt.

K In Frankfurt hast du kürzlich ein von dir selbst verfasstes Theaterstück auf die Bühne gebracht, bei dem du auch selbst Regie geführt hast. Was hat dich veranlasst, alle diese Disziplinen miteinander zu verbinden und zu vermischen? Kann man sagen, dass Theater und Oper eine besondere Faszination auf dich ausüben?

H Ich finde Theater unglaublich – dass es sich im Hier und Jetzt abspielt, der

Live-Aspekt, die Energie der Darsteller, die ephemere Idee, die dem Theater zugrunde liegt. Die Lebendigkeit, die Tatsache, dass es atmet, unterscheidet es von dem, was meine anderen Arbeiten ausmacht. Deshalb war mir daran gelegen, mich damit auseinanderzusetzen, Erfahrungen zu sammeln, das Medium zu erforschen. Ich hatte die Möglichkeit, ein Gesamtkunstwerk zu erschaffen: Ich konnte das Stück schreiben und die Regie führen, das Bühnenbild und die Kostüme entwerfen und die Musik dafür komponieren ... Es war etwas sehr Vollständiges, eine in sich abgeschlossene schöpferische Übung.

K Und worauf können wir uns für die Zukunft freuen – mit welchen weiteren Disziplinen und Dimensionen willst du in absehbarer Zeit noch arbeiten?

H Ich hoffe, irgendwann einen abendfüllenden Spielfilm zu produzieren, bei dem ich das Drehbuch schreiben und die Regie führen werde. 2018 werde ich die Regie bei zwei Opernproduktionen führen und das Bühnenbild entwerfen. Sehr gern würde ich auch Musik komponieren, etwas von einer bestimmten Dauer meine ich, etwas Anspruchsvolleres als die paar Songs, die ich in den vergangenen Jahren komponiert habe. Aber schlussendlich glaube ich, dass ich in erster Linie immer ein visueller Künstler sein werde. Und ich bin außerordentlich dankbar dafür, dass meine Arbeiten in diesem Kontext viel Wertschätzung erfahren.

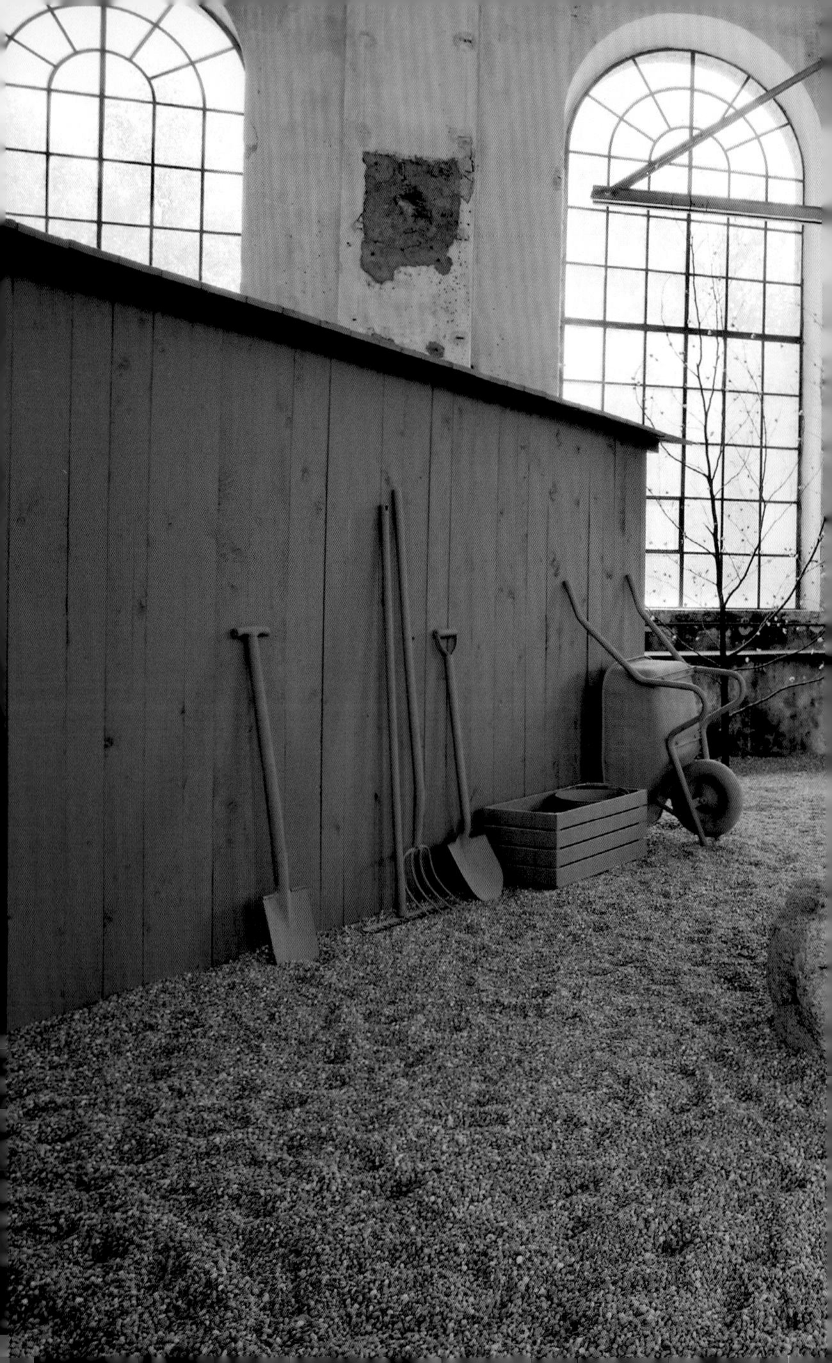

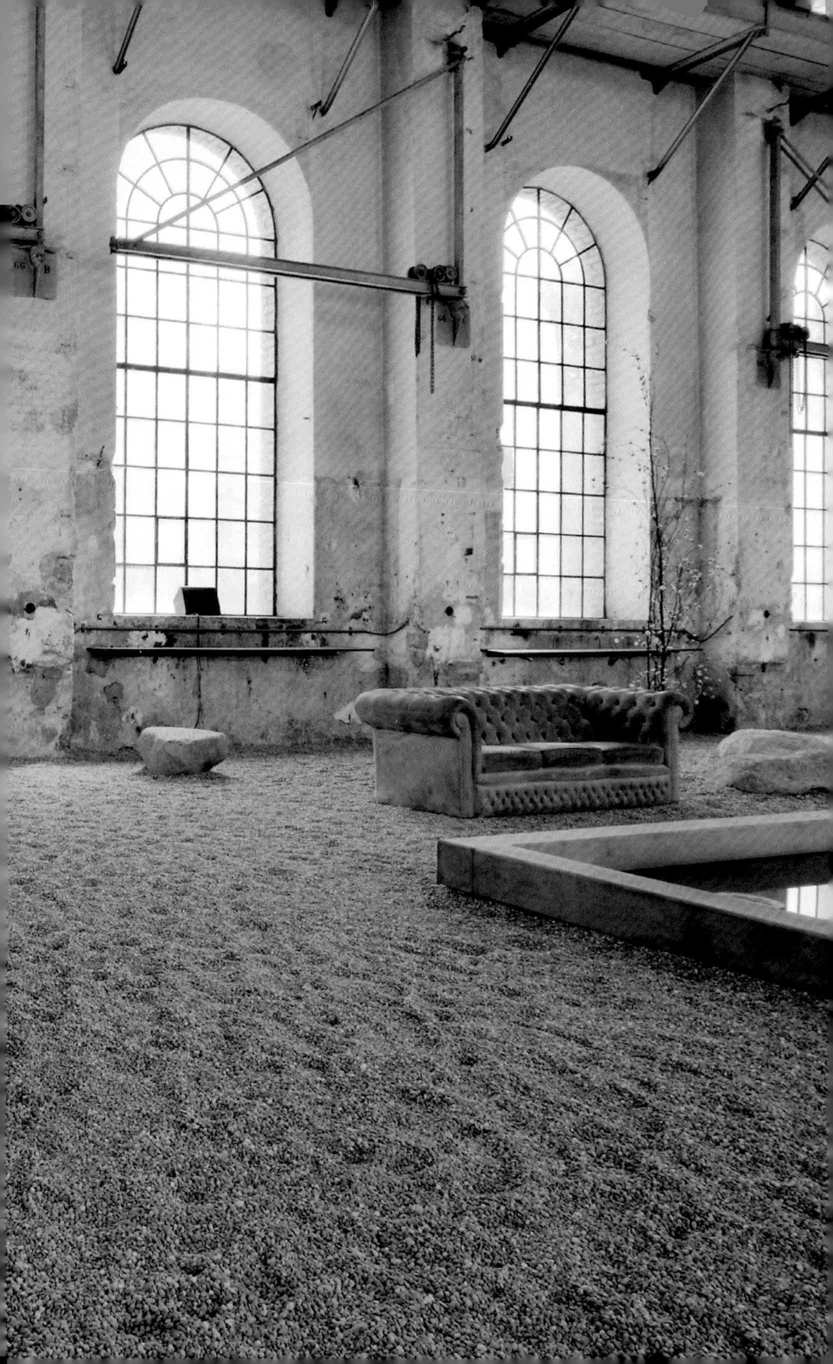

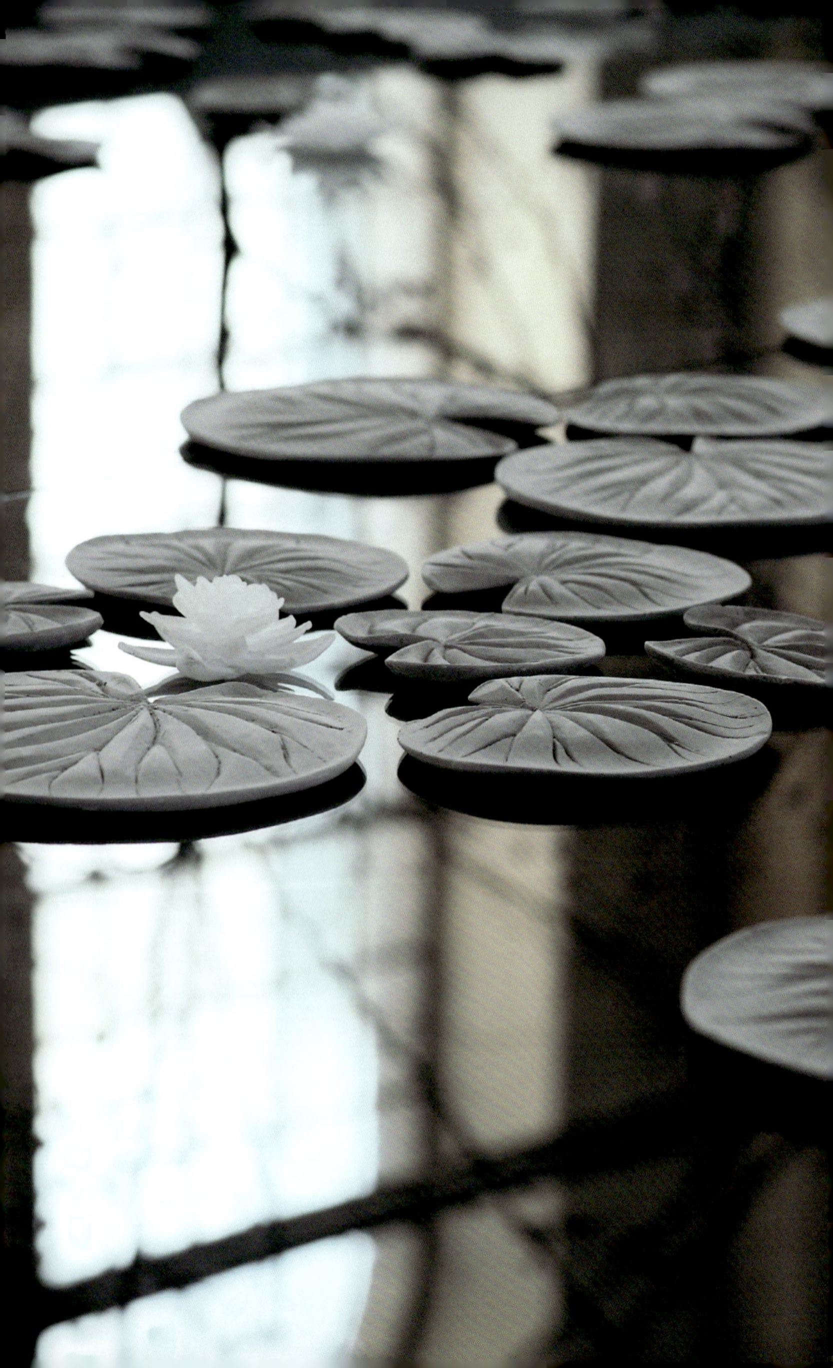

IN CONVERSATION WITH HANS OP DE BEECK
85

with
Thomas Häusle and Herta Pümpel
of Kunstraum Dornbirn

K You studied painting, but work intensely and simultaneously in several artistic disciplines, as visual artist, photographer, stage designer, writer, director. How did this multi-disciplinary method of working come about?

H It just all happened very spontaneously, without any plan or strategy. Somehow my work itself started to ask for new media, new artistic disciplines, rather than me deliberately choosing to add another form of expression. The core of what I do is to stage and evoke a parallel, immersive world that reflects on life as we know it. By abstracting elements from daily life I hope to create surroundings that offer silence and stimulate reflection. I somehow wish I could express it all in just one discipline, but apparently I happen to be someone who needs multiple forms to shape his art.

K Your work conveys the viewer into everyday worlds on the one hand, as in the video Determination, and on the other hand we're plunged in your environments – The Collector's House, for instance – into a sterile, artificial atmosphere which gives the impression that time has stood still. How do the everyday and at the same time the artificially created detachment from daily life and the everyday come together in your art?

II To be honest, I don't know how that happens. As a first spectator of my own work, I try to fine-tune it all to the point that the falseness of my images becomes real, that fake becomes authentic as an experience. Whether I succeed for others – the spectators of my work – or not, is never certain. Over the years, I noticed that in my best works I apparently seem to manage to find the balance needed to make it happen. I think it helped me that at some point I gave up on being artistically correct; I started to mingle kitsch with design, baroque aesthetics with minimalism, classical styles with contemporary subcultural motives … By doing so, all these things together articulate and question what could be considered real or not. Banalities can become treasure-like, enigmatic objects, and valuable things can become trashy. I try to resonate both the complexities of contemporary life, as well as the evident, simple, timeless questions.

K Are the fictive surroundings deliberately created in order to generate reality?

H My works are about evocation, not about simulation. If I were wishing to simulate reality, then I'd employ a film set-like aesthetics, using all available ready-made furniture and materials. By handcrafting everything, by sculpturally interpreting reality, my works never try to convince you that what you see is real; they are straightforwardly false, crafted, reduced, kneaded. In that sense they are close to the idea of old school figurative painting, where it is always fully clear that what is being depicted is nothing more than a layer of paint on canvas or wood.

H If the falseness is a given, undeniable fact, then you have a fair deal with your spectator. If then the spectator is receptive for your fiction, the fiction can become an authentic experience; the emotions it then evokes can be true, personal and valuable to the viewer.

K Like a hidden object, the mistakes and traps that you call "nonsense" steal into your perfectly aesthetic and harmonious installations. To what extent do these absurdities represent a raised index finger intended to make us think?

H I rather consider it playfulness on my side, than a raised index finger. What I have always opposed is that the artist pretends to be smarter than the viewer. He or she is not. I am not. A strong piece of art is smarter than its maker, that is true, but an artist doesn't understand more about life than anyone else.

K On second glance, we recognize the irony of the Chesterfield sofas in the Zen garden environment of the work at the Kunstraum. Are they and is your work fundamentally ironic, and what role does humour play in your art?

H I welcome little winks and playfulness in my works, since the general mood mostly tends to be rather serious, serene and contemplative. So, at times, I do include a very mild, discreet form of irony and humour, but I don't exaggerate; otherwise you reduce your work to a joke, and then it looses depth and width. So I don't aim to be "fundamentally" ironic. But, yes, at times, I try to be serious with a mild smile on my lips.

K Is the overwhelming aesthetic already a trap, already "nonsense"?

H The immersive atmosphere, the overall mood of my work is not a trap, but it certainly is not real; it's a construction, as a novel is or a theatre play.

K You mainly use everyday, even banal objects and materials to create your works, although these things aren't used as ready-mades in Duchamp's sense but are instead treated and processed artistically. Objects become artefacts not through their placing but through artistic work. What is the significance of this very deliberate distinction?

H There are many artists brilliantly using ready-mades through their work, mainly installation artists, so I understand the big potential of it. But at some point you have to find out what serves you as an artist best. In my case, I sense that the hand-crafted object – in my own oeuvre – is the very tool to create my form of fiction, which is not about simulation.

K Your installations often look picturesque, poetic, almost literary. The work Lounge, for example, conveys an atmosphere reminiscent of Marcel Proust's à la recherche du temps perdu. What role does literary material play in your work? Is there a kinship between your artistic narratives and literature?

H	For my works I simply depart from daily life as I experience it. If my works resonate with references to literature, it was not knowingly intended. Everything you create certainly breathes your own history, personality and experience. In that sense literature and movies, for example, must unconsciously have had their impact on my visual imagination and conception.

K	Do you see yourself as a storyteller?

H	Since I am not a meta-artist in the first place – making art about making art itself – I do indeed think my work is about offering a setting for possible stories with which the viewer can identify or relate to, departing from his or her own life experience.

к The arrangements of everyday objects in your modern still lifes are reminiscent of "Vanitas" pictures from the Baroque era. Are you making a deliberate reference to the history of art, or are you merely helping yourself to this form of expression for your work?

ıı Well, I think both.

к In interviews you have repeatedly mentioned Jan Vermeer and especially the treatment of light in his work. In Girl Reading a Letter we're introduced, as in several of your works, into a meticulously precise and, technically, a perfectly elaborated everyday situation. Are you simply adopting tried and tested effects, or is there more behind this obvious relationship?

н Vermeer captures silence and profound essence in totally unspectacular events and settings by his particular use of light amongst other things; that's what I learned from masters like him. It is not about a "trick" or "effect"; that sounds too negative. What I learned, essentially, is that the very subject of your work doesn't have to be "meaningful" or "serious," but that the precise balance between form and content creates the content. The essential way in which for example Morandi painted, say, three bottles on a table top, made those banal objects into true and vibrant content.

K In Frankfurt you wrote, produced and directed a play. What motivates you in this crossing and interlacing of disciplines? Do theatre and opera exercise a special fascination for you?

H The here-and-nowness of theatre is incredible; the live aspect, the energy of the performers, the ephemeral idea of theatre. The liveliness of it, its breathing is something else to what I employ in my other works. Therefore I was eager to research, to learn, to explore that medium. It also allowed me to create a Gesamtkunstwerk: writing and directing the play, doing the stage design and costumes, composing music for it … It felt extremely complete as an exercise in creation.

K What further disciplines and dimensions may we look forward to seeing you working with in future?

H Hopefully at some point I'll write and direct a full-length feature film. In 2018 I will be both directing and doing the stage design for two opera productions. I also hope to create music, something of a certain duration I mean, something with more ambition than the couple of songs I have composed in past years. But in the end, I think, I will always be first and foremost a visual artist. I am very grateful my work is well appreciated in that context.

STAGING SILENCE (2)

Video
20:48 Minutes, 2013
Black and White with Sound

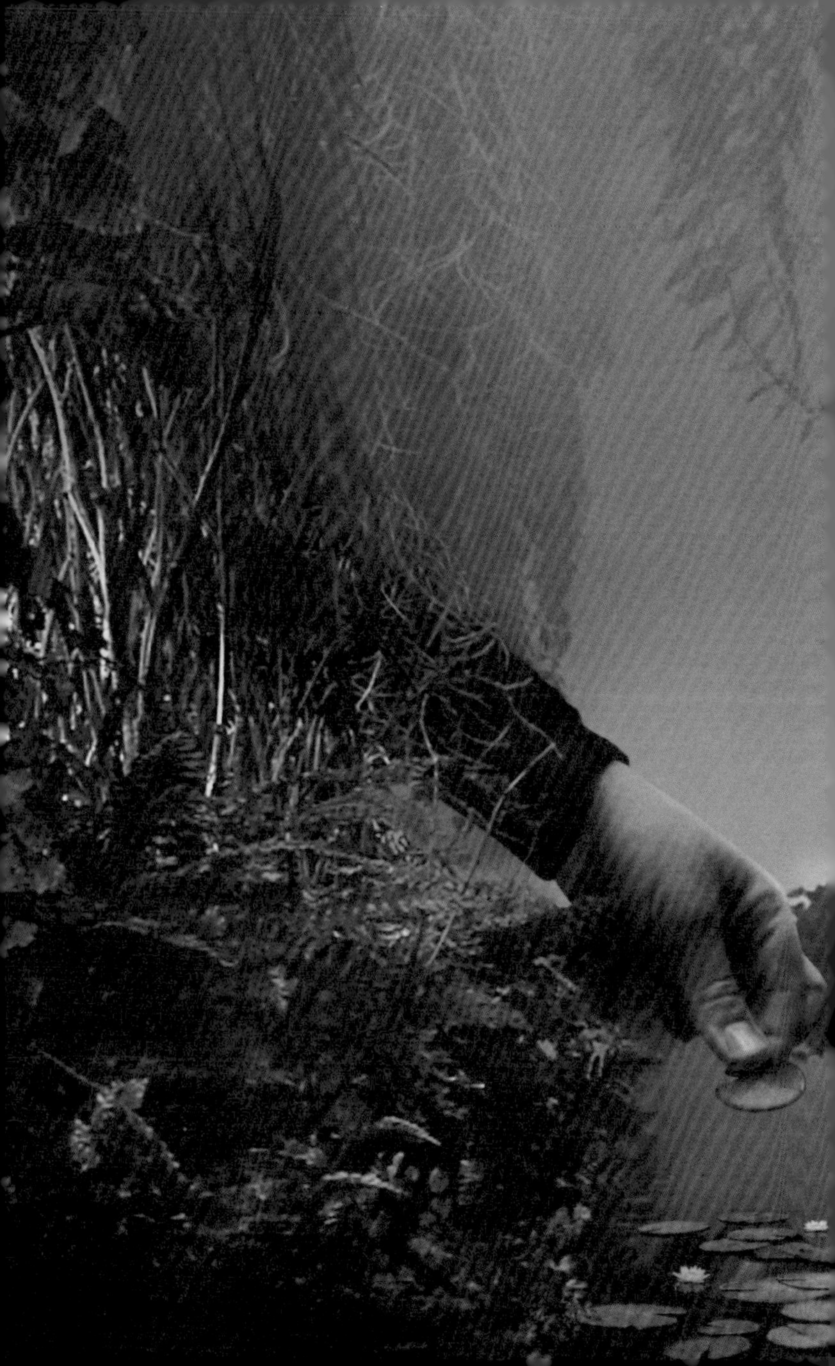

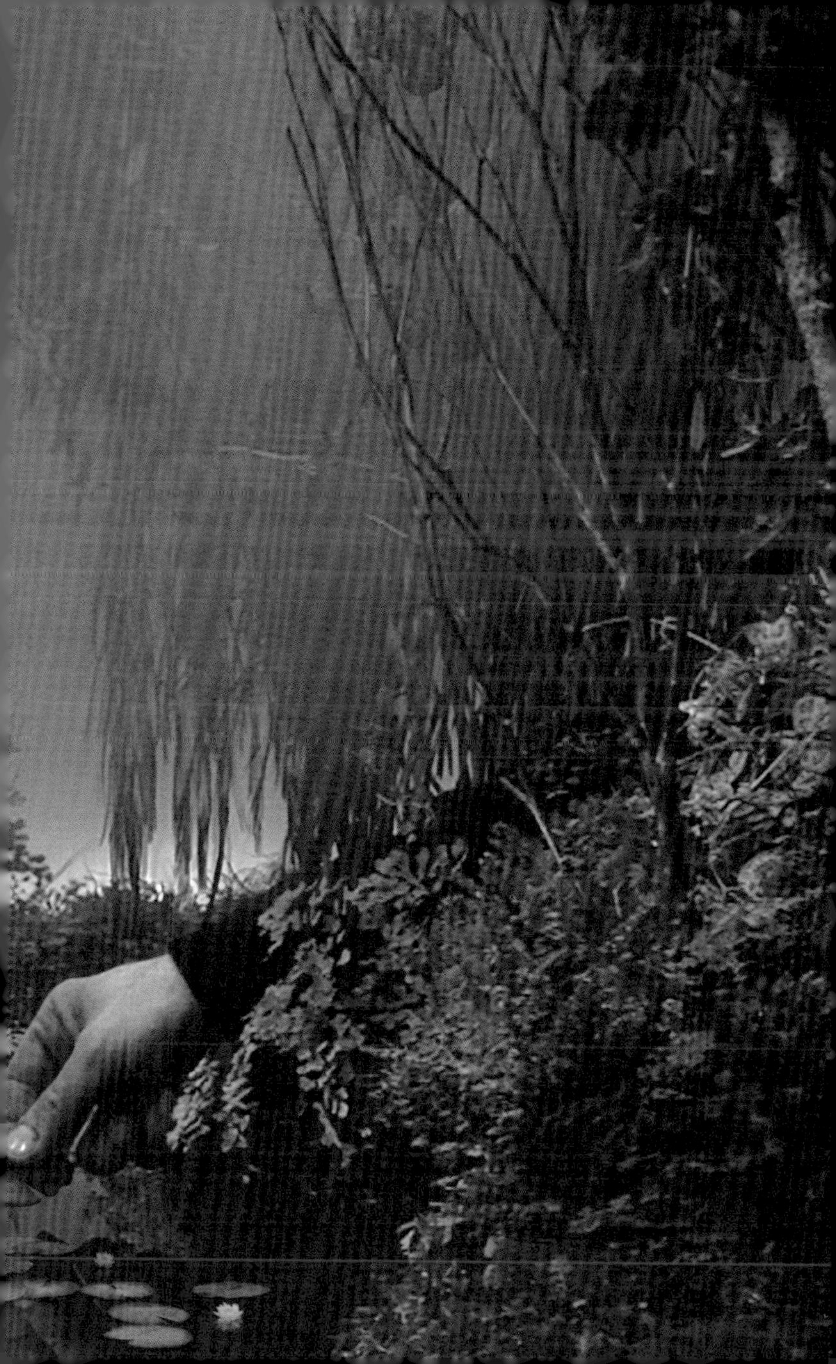

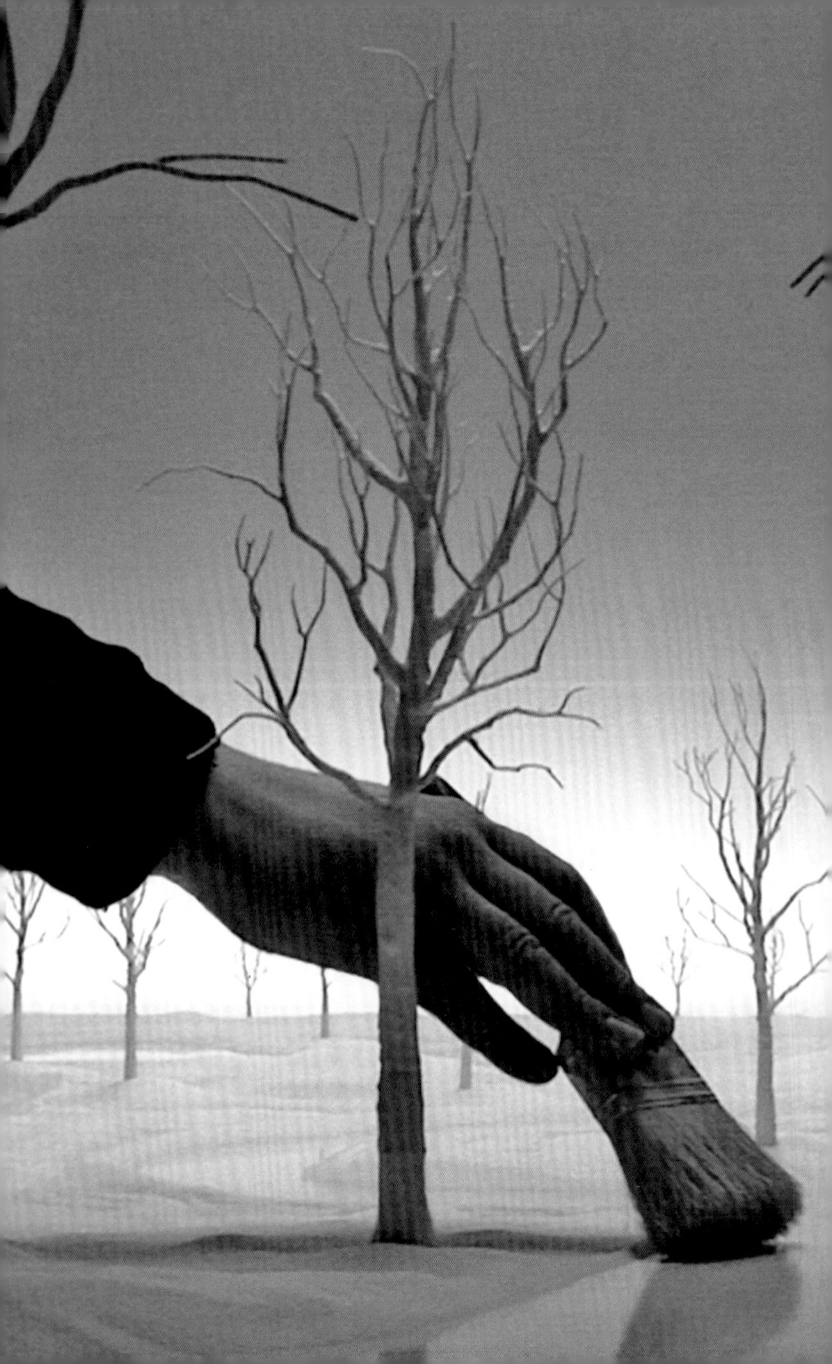

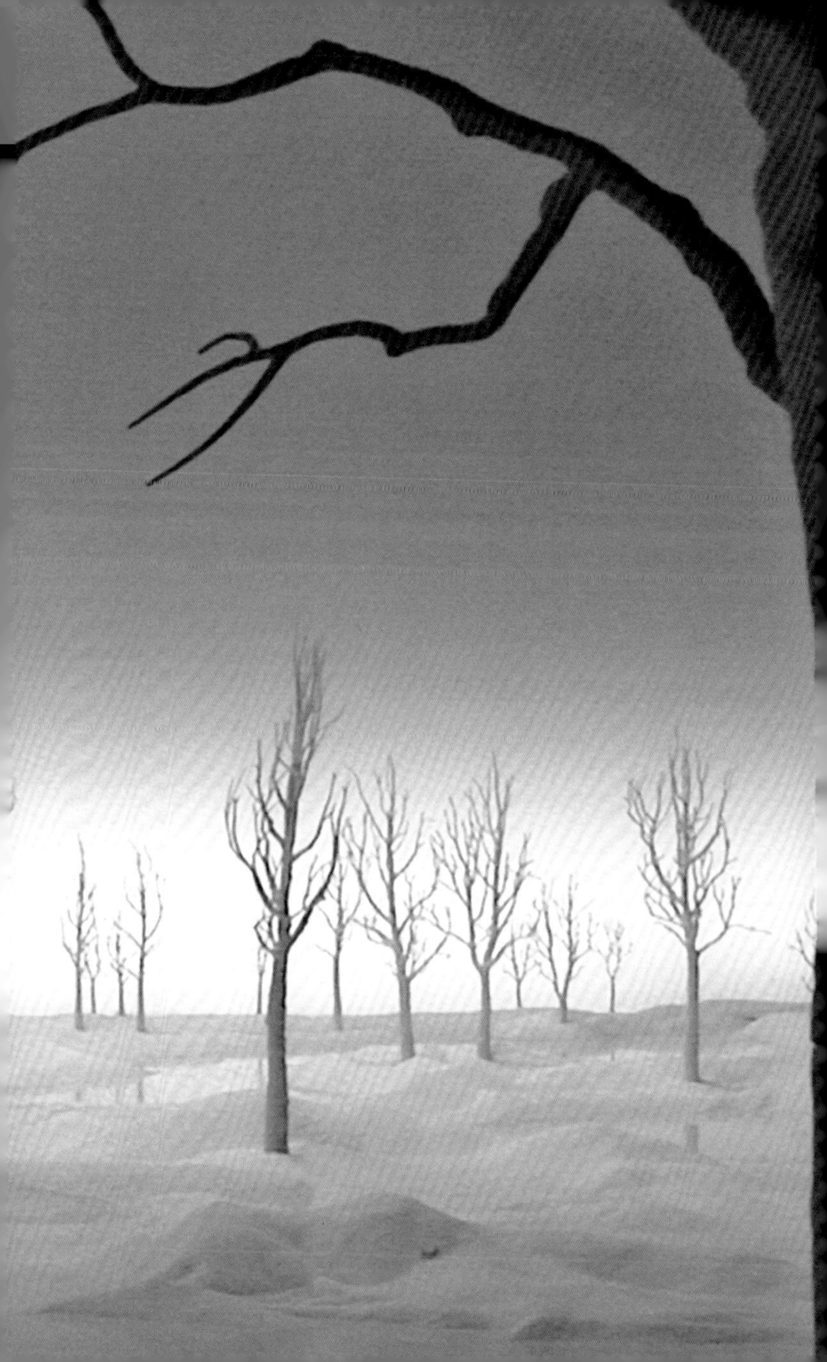

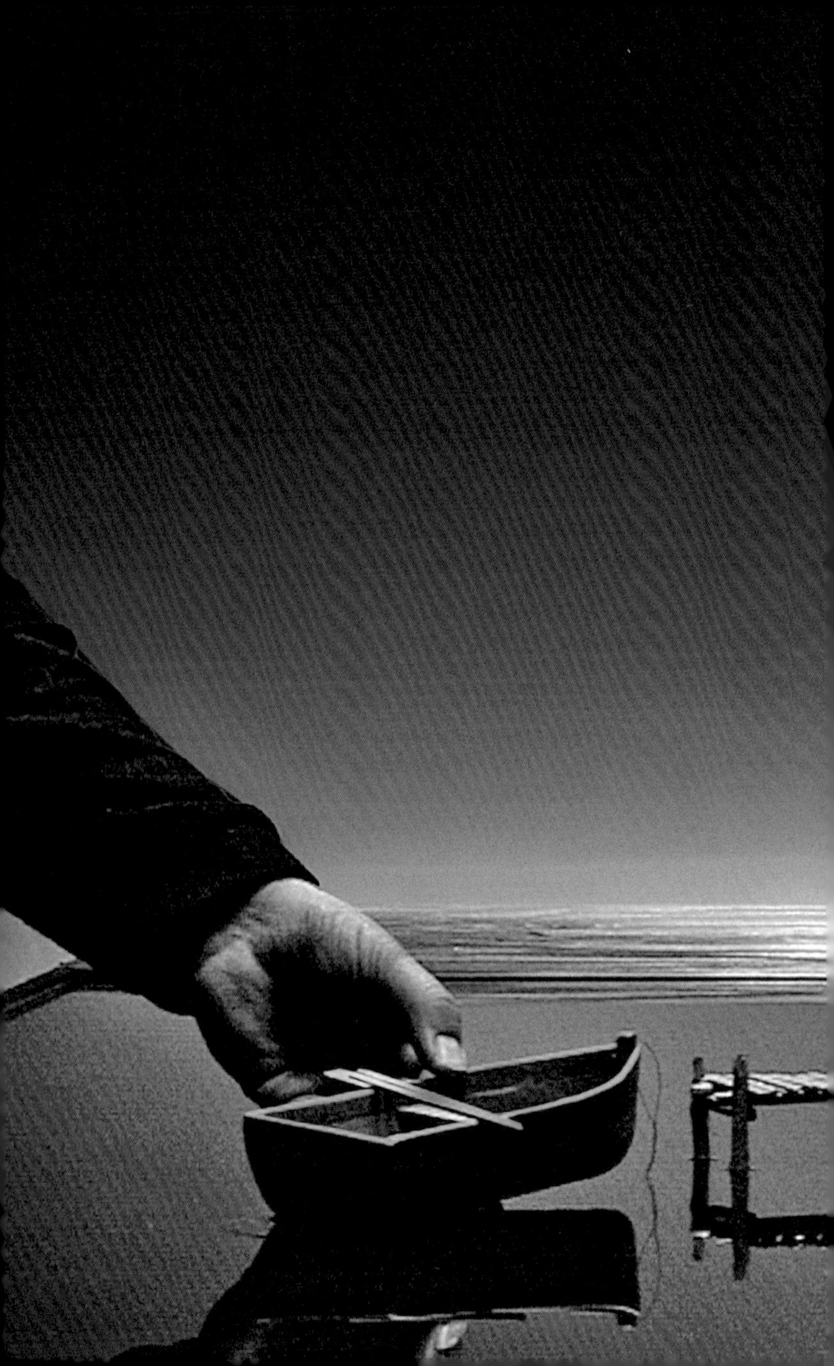

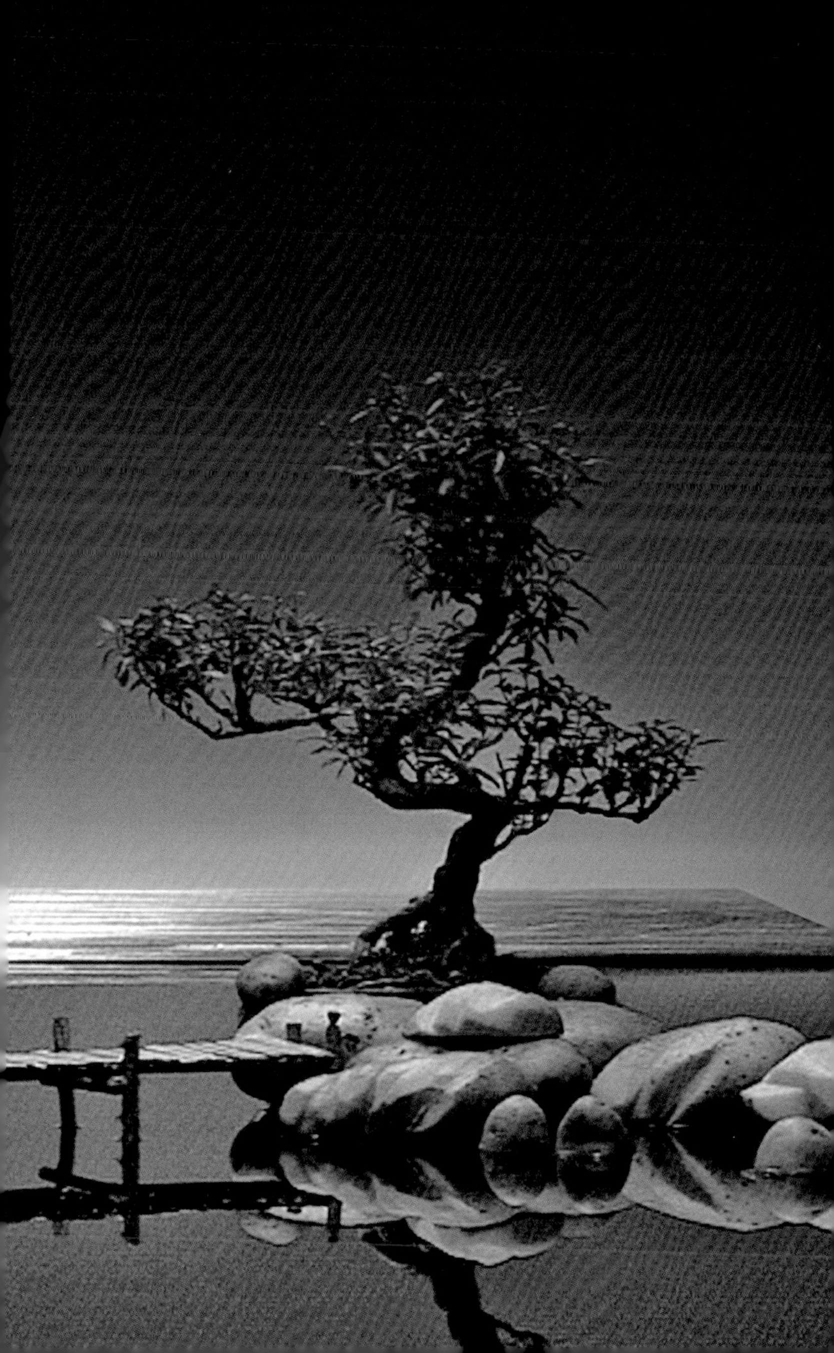

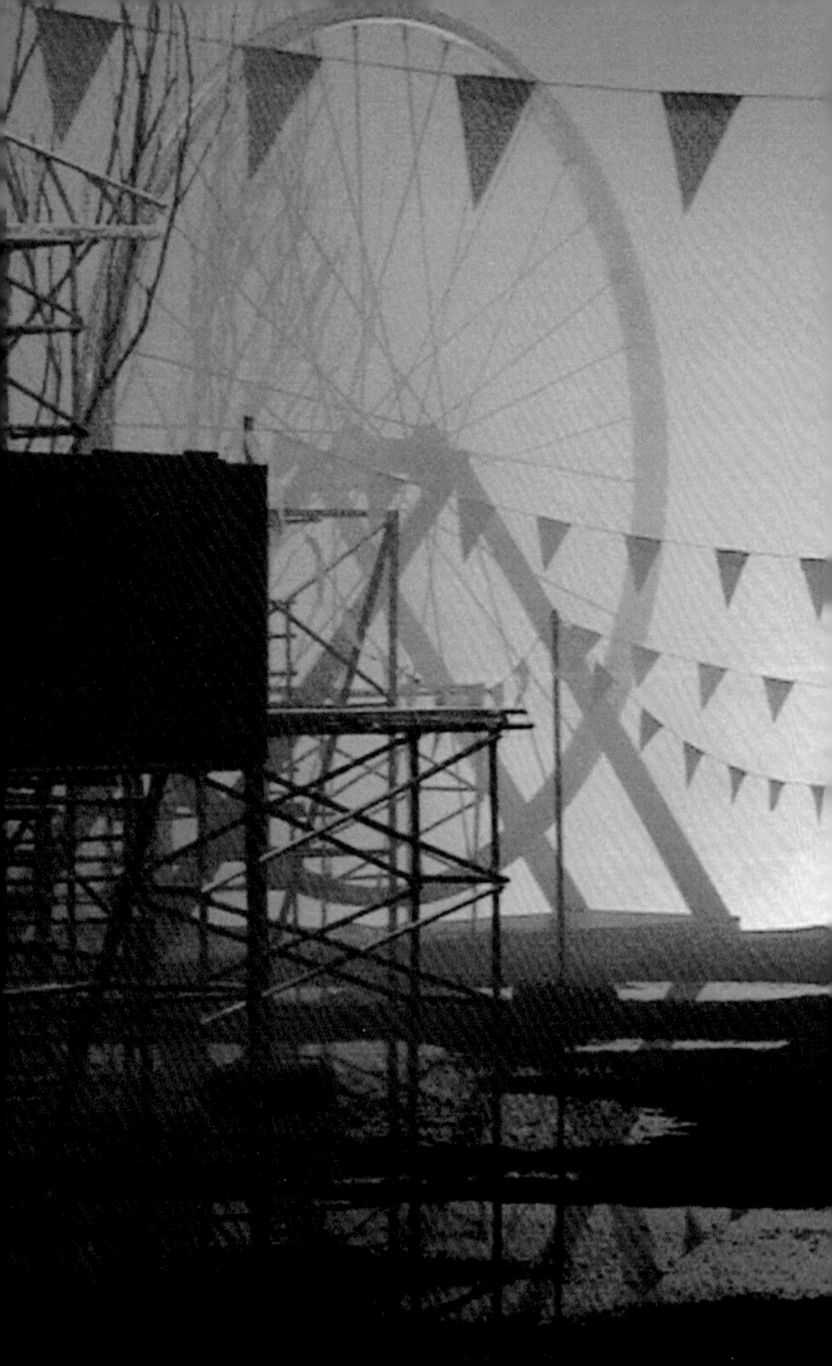

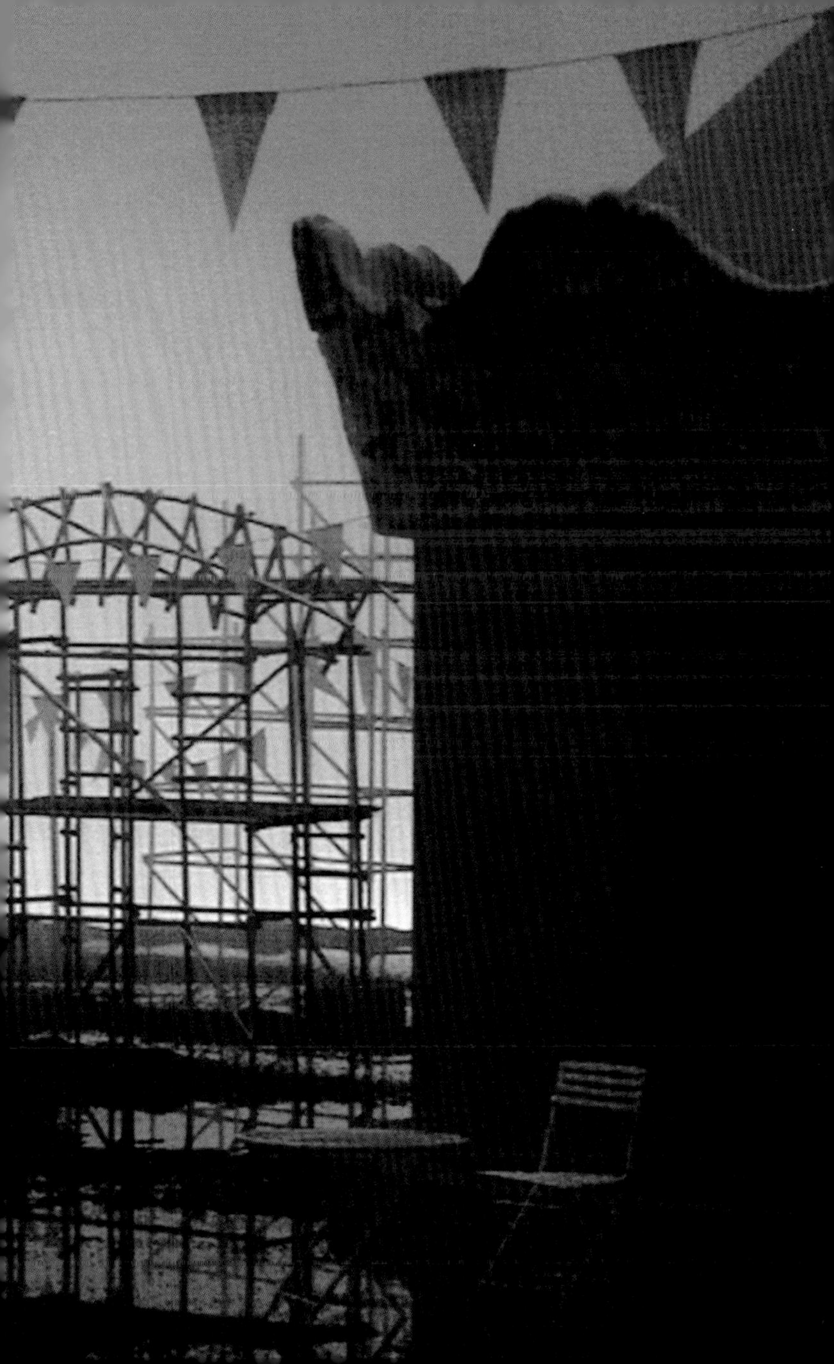

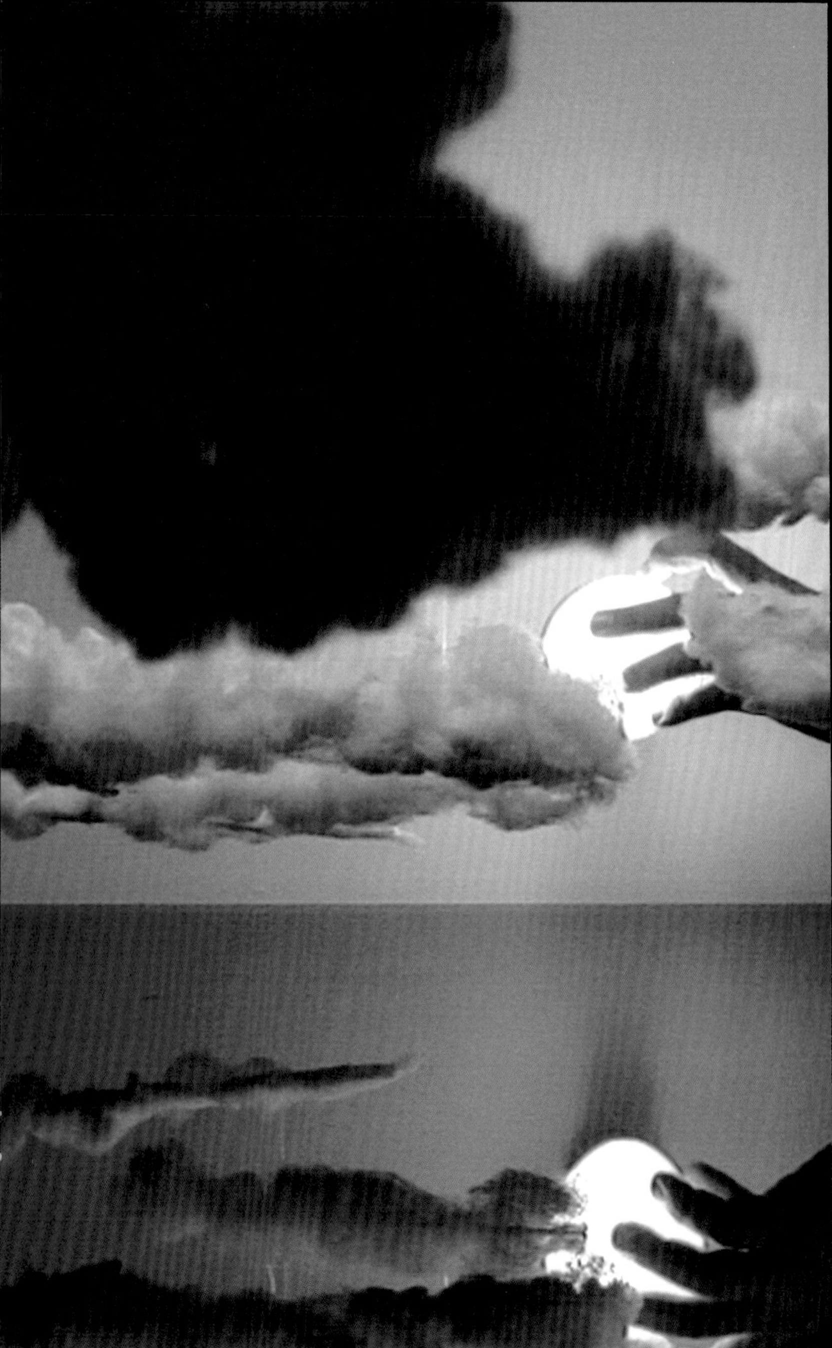

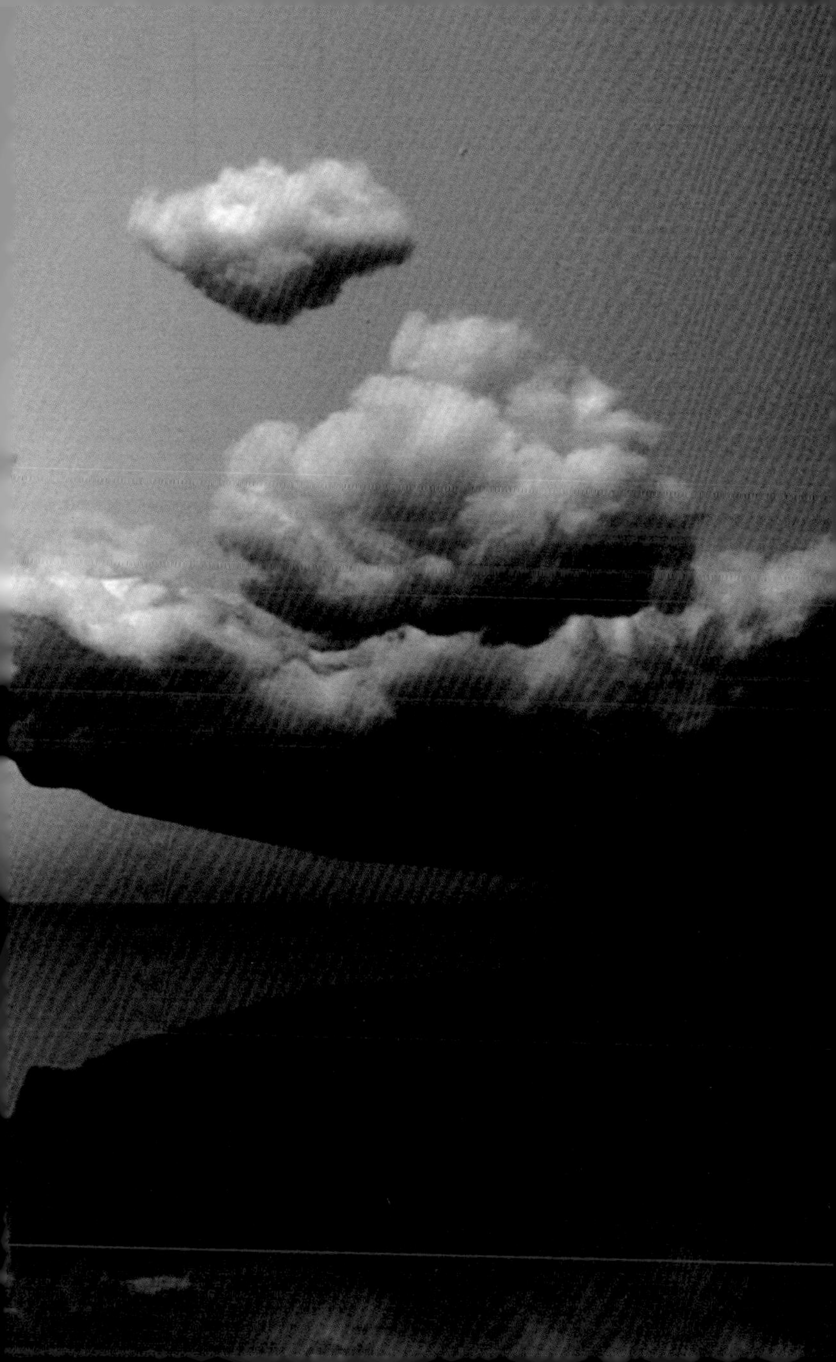

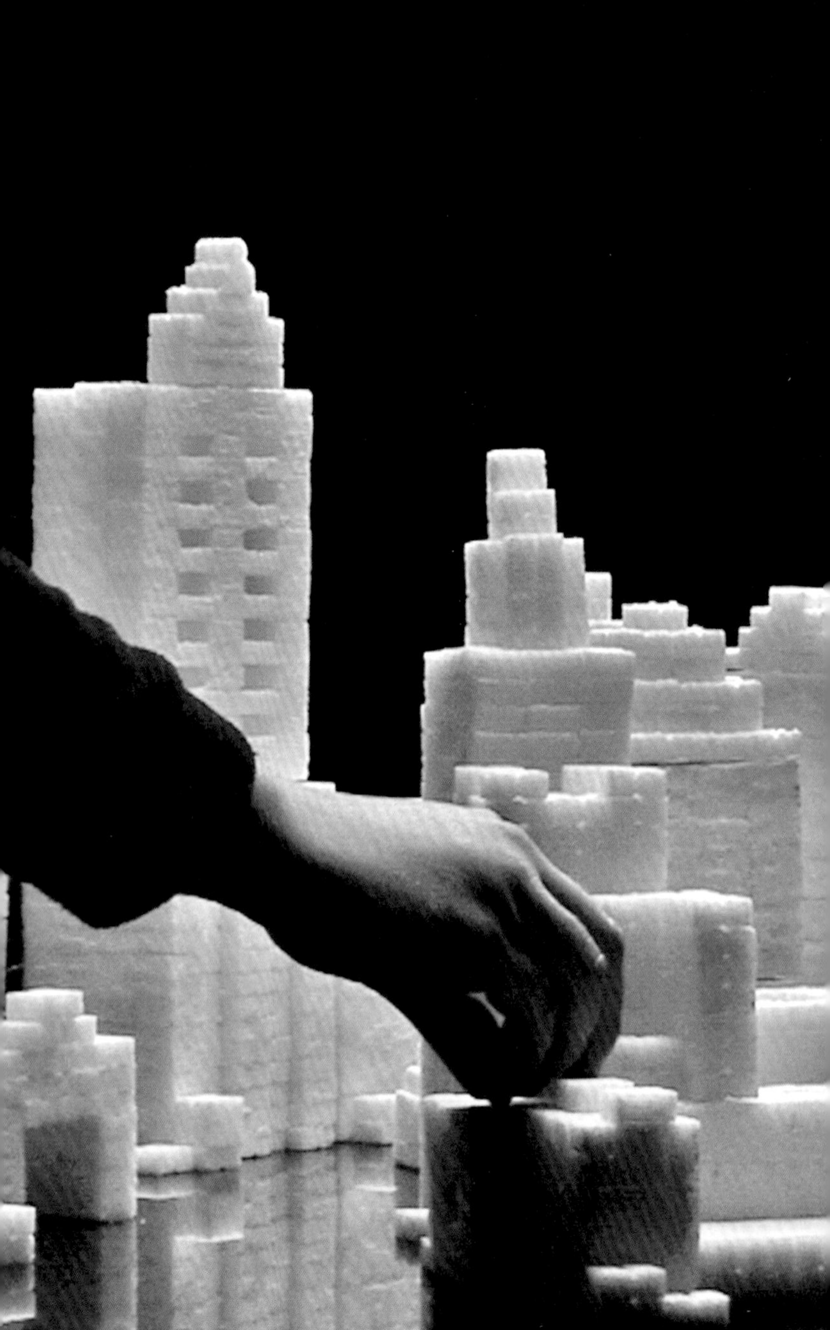

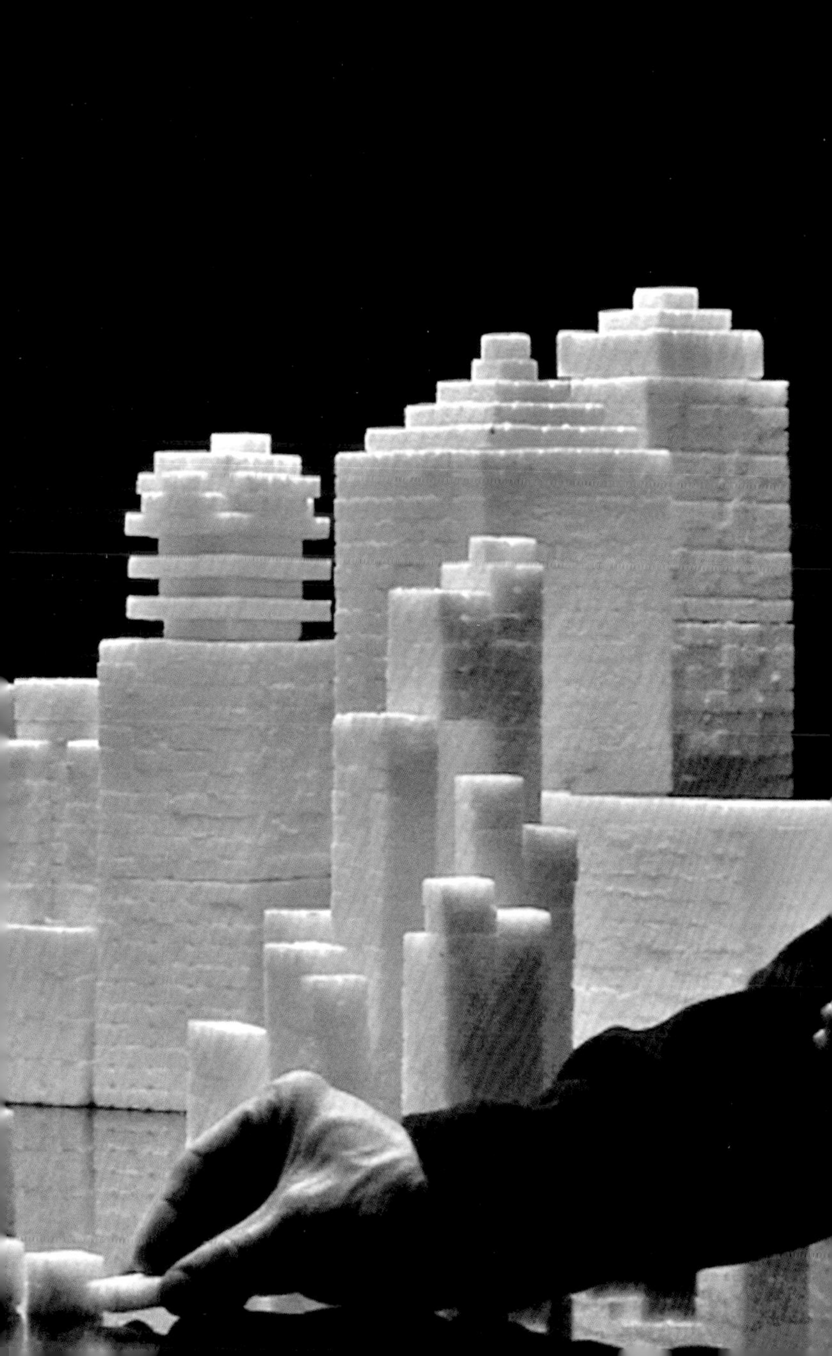

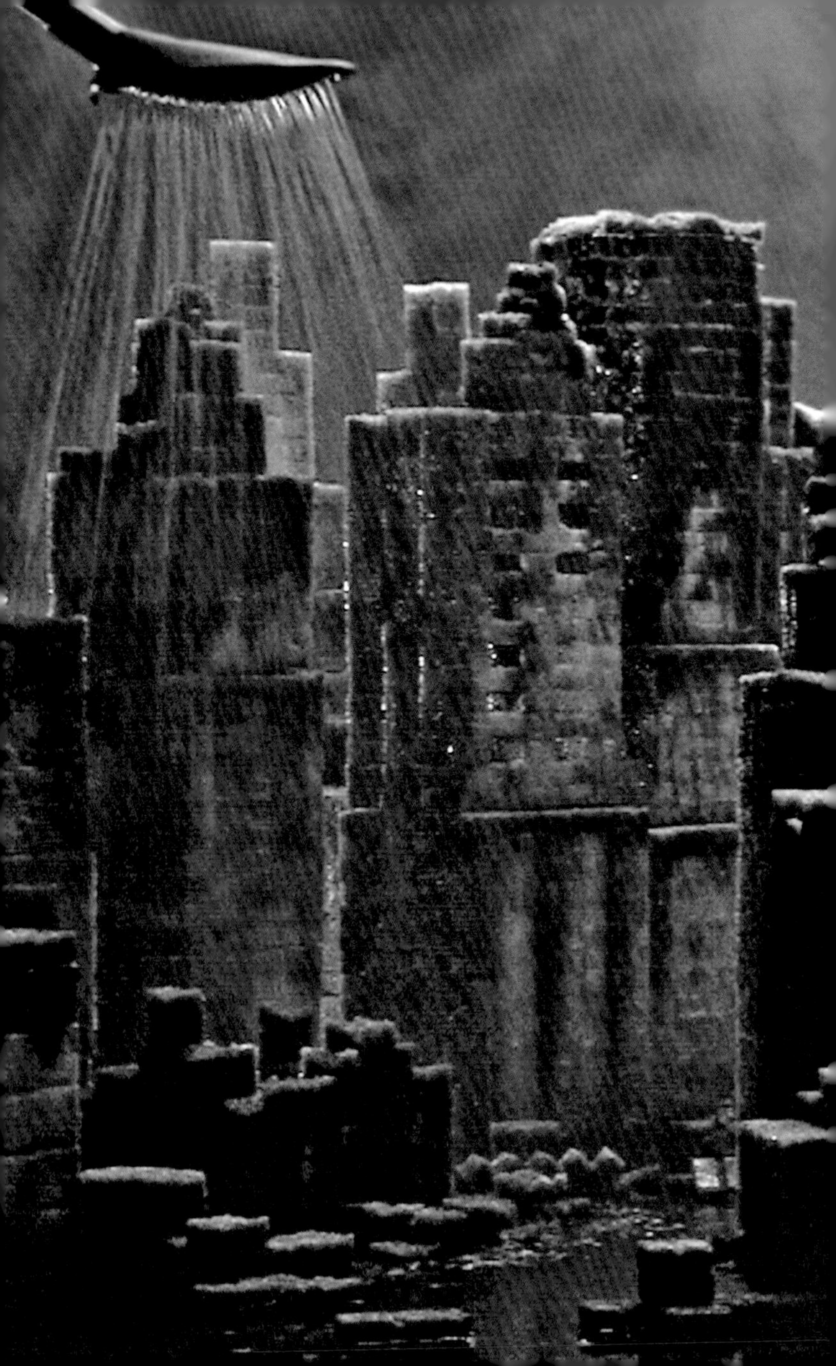

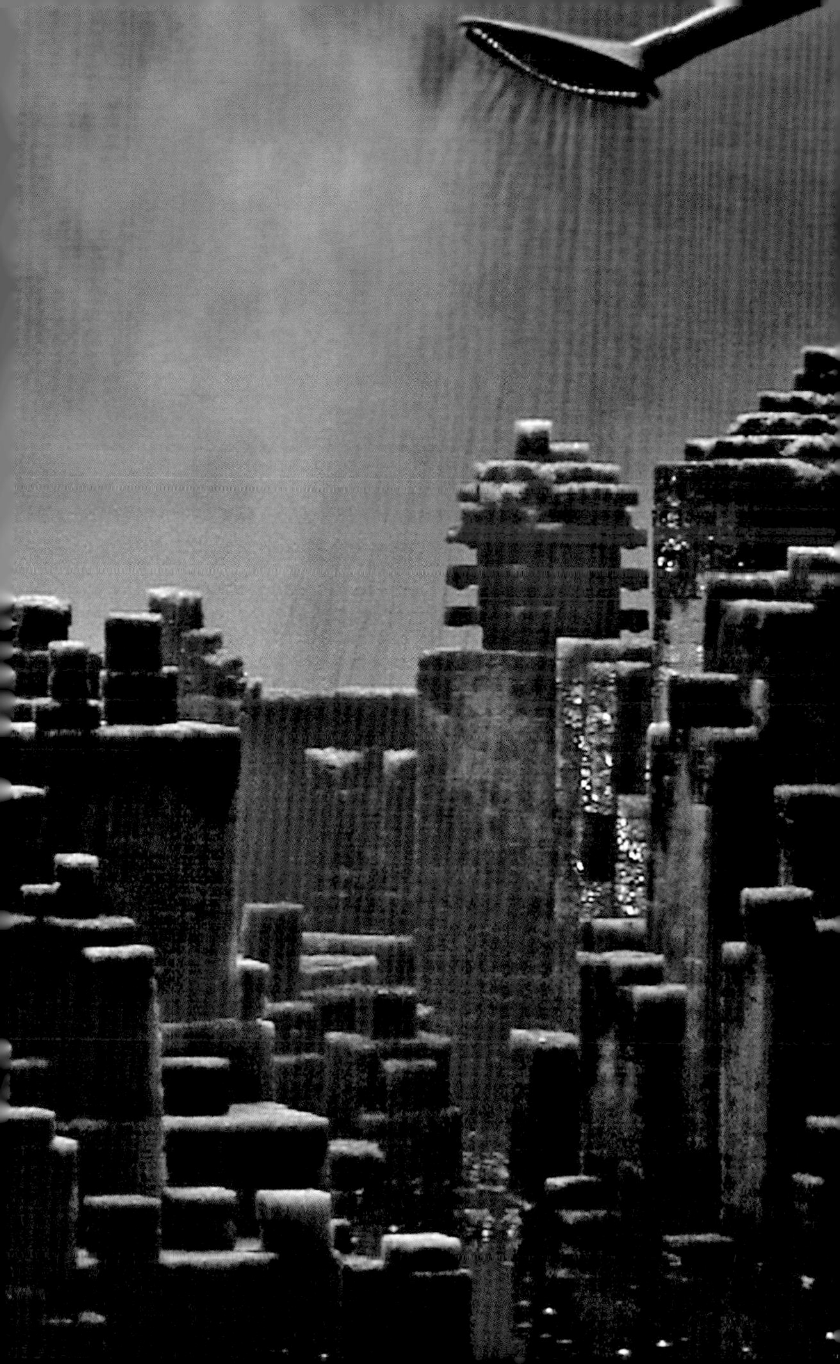

Hans Op de Beeck

Geboren 1969 in Turnhout, lebt und arbeitet in Brüssel und Gooik, Belgien. Born in Turnhout in 1969, lives and works in Brussels and Gooik, Belgium.

Ausbildung
Education & Programs

2002–2003: Artist at the MoMA P.S.1 Studio Program, New York (US). 1998–1999: Participant at the Rijksakademie / post-MA, Amsterdam (NL). 1996–1997: Participant at The Higher Institute for Fine Arts-Flanders / post-MA, Antwerp (BE). 1992–1996: Masters Degree in Visual Arts, Higher Institute Sint-Lukas, Brussels (BE).

Einzelausstellungen (Auswahl)
Solo exhibitions & presentations (Selection)

2017 — Hans Op de Beeck: The Silent Castle, Museum Morsbroich, Leverkusen (DE). Hans Op de Beeck: Out of the Ordinary, Kunstmuseum Wolfsburg, Wolfsburg (DE). Hans Op de Beeck: The Pond Room, Kunstraum Dornbirn, Dornbirn (AT).

2016 — Hans Op de Beeck: Saisir le Silence, Espace 104, Paris (FR). Hans Op de Beeck: The Garden of Whispers, Printemps de Septembre, Toulouse

(FR). Hans Op de Beeck: Silent Rooms, Galerie Krinzinger, Vienna (AT). Hans Op de Beeck: Small Things and Soothing Thoughts, Galleria Continua, San Gimignano (IT). Hans Op de Beeck: The Collectors House, Art Unlimited, Basel (DE). Hans Op de Beeck: Night Time, Nassauischer Kunstverein Wiesbaden, Wiesbaden (DE).

2015 — Hans Op de Beeck: Décors et Figurants, Château de Chimay, Chimay (BE). Hans Op de Beeck: The Drawing Room, Marianne Boesky Gallery, New York (US). Hans Op de Beeck: The Amusement Park,curated by 40m Cube – out site programming, Les Champs Libres, Rennes (FR). Hans Op de Beeck: The Quiet View, permanent show, Herkenrode, Hasselt (BE). Hans Op de Beeck: in the frame of "12months/12 films – Exploration in Space", works from The Goetz Collection, Folkwang Museum, Essen (DE). Hans Op de Beeck: The Thread, Galerie Krinzinger, Vienna (AT). Hans Op de Beeck: Sea of Tranquillity, Screen Space, Melbourne (AU). Hans Op de Beeck: Eyes Closed, Ron Mandos Gallery, Amsterdam (NL)

2014 — Hans Op de Beeck: Staging Silence(2), MIT List Visual Center Arts Center – Cambridge (MA, US). Hans Op de Beeck: Photoworks, Photoevent, Cultuurcentrum Mechelen, De Garage, Mechelen (BE). Hans Op de Beeck: Night Time Drawings, Galleria Continua, Beijing (CN). Hans Op de

Beeck: Staging Silence (2), Toby Devan Lewis Gallery, MOCA Cleveland, OH (US). Hans Op de Beeck: Quiet Scenery and Wandering Extras, Sammlung Goetz, Munich (DE). Hans Op de Beeck: The Drawing Room, Le Botanique, Brussels (BE). Hans Op de Beeck: Personnages, Château de Chamarande, Chamarande (FR).

2013 — Hans Op de Beeck: Staging Silence (2), Harn Museum of Art, Gainesville (FL, US). Hans Op de Beeck: Metropolitan scenes, MMKA Arnhem (NL). Hans Op de Beeck: Celebration / Celebration (Buenos Aires), Natlab, Eindhoven (NL). Hans Op de Beeck: Staging Silence (2), Art Palacio Screen Festival, Sao Paulo (BR). Hans Op de Beeck: Sea of Tranquillity, FRAC PACA, Marseille (FR) . Hans Op de Beeck: Sea of Tranquillity, Tampa Museum of Art, Tampa, FL (US). Hans Op de Beeck: Parade – De Warande, Turnhout (BE).

2012 — Hans Op de Beeck: Visual Fictions, Kunstverein Hannover, Hannover (DE) . Hans Op de Beeck: Video Works, Butler Gallery, Kilkenny (IE). Hans Op de Beeck: Sea of Tranquillity, Dirimart Garibaldi, Istanbul (TR). Hans Op de Beeck: Sea of Tranquillity, The National Museum of Contemporary Art, Bucharest (RO). Hans Op de Beeck: LOOPfestival, Barcelona (ES). Hans Op de Beeck: Staging Silence, Gemeentemuseum Den Haag (GeM), The Hague (NL). Hans Op de Beeck: Small Constructions, Galerie Krinzinger, Vienna (AT). Hans Op de Beeck: Location (8), Bommenvrij, Nieuwpoort (BE).

2011 — Hans Op de Beeck: Sea of Tranquillity, ARGOS, Brussels (BE). Hans Op de Beeck: Videowork, Cinema Zuid, Antwerp (BE). Hans Op de Beeck: Sea of Tranquillity, Maritiem Museum, Rotterdam (NL). Hans Op de Beeck: Sea of Tranquillity, Kunstmuseum, Thun (CH). Hans Op de Beeck: Sea of Tranquillity, Centro de Arte Caja de Burgos CAB, Burgos (ES). Hans Op de Beeck: Staging Silence, Smithsonians Hirshhorn Museum and Sculpture Garden, Washington, DC (USA). Hans Op de Beeck: Extensions Museum Het Domein, Sittard (NL). Hans Op de Beeck: Sea of Tranquillity, Art Unlimited, Art Basel, Basel (CH).

Gruppenausstellungen (Auswahl)
Group exhibitions (Selection)

2016 — Les Rencontres Internationales, Haus der Kulturen der Welt, Berlin (DE). 2050. Breve storia del futuro, Palazzo Reale, Milano (IT). Walk the line: drawing through in contemporary art, Bernal Espacio, Madrid (ES).

2015 — Visual Deception II, Nagoya City Art Museum, Nagoya (JP). Uncanny Reality – models in Contemporary Art, Galerie Rudolfinum, Praha (CZ). The Importance of Being ..., Museo Nacional

de Bellas Artes, Havana (CU). All the worlds stage:
works from the Goetz Collection, Fundacion Ban-
co Santander, Madrid (ES). Le Fil Rouge, Espace
Louis Vuitton, Tokyo (JP). Glastress 2015 Gotika,
Berengo Studios, 56th Venice Biennale, Palazzo
Franchetti, Venice (IT). Proportio, 56th Venice Bi-
ennale, Palazzo Fortuny, Venice (IT). Nature On/
Off, Kunsthistorisches Institut, Universität, Os-
nabrück (DE). 2050 – A Brief History of the Future,
Royal Museums of Fine Arts, Brussels (BE).

2014 — Donation Florence et Daniel Guerlain,
Centre Musée National dArt Moderne, Centre
Pompidou, Paris (FR). Family Matters, Strozzina,
Centre for Contemporary Culture, Palazzo Stroz-
zi, Firenze (IT). The First International Bienni-
al of Contemporary Art of Cartagena de Indias
#1: Cartagena (COL). Days of Endless Time, The
Smithsonians Hirshhorn Museum, Washington
DC (USA). Visual Deception II, The Bunkamura
Museum of Art, Tokyo (JP). The Sea, Brandts Kun-
sthallen, Odense (DK). Visual Deception II, Hyogo
Perfectural Museum of Art, Kobe (JP). Tag-Ten,
Hiroshi Art collection, Matsumoro Museum, Mat-
sumoro (JP). All Well and Good, Gerisch Stiftung,
house of contemporary art, Hamburg (DE). Kochi
Muziris Biennale, Kochi (IN).

2013 — The Great Magic: Selected Artworks from
the Unicredit Art Collection, Museo dArte Mod-

erna di Bologna, Bologna (IT). The Gesamtkunstwerk Project, Australian Centre for Contemporary Art, Victoria (AU). HEIMsuchung, Kunstmuseum Bonn, Bonn (DE). Indomania, Europalia. India, BOZAR, Brussels (BE). The Gesamtkunstwerk Project, Australian Centre for Contemporary Art, Victoria (AU). My little Paradise, co-curated by Sara Weyns and Hans Op de Beeck, Middelheim Museum, Antwerp (BE). EMSCHERKUNST.2013, permanent outdoor installation at Rheinaue Walsum Nature Reserve, Essen (DE).

Musical, Theater & Opernproduktionen
Musical, Theatre & Opera Productions

2016 — Title tbc: Text, director, stage design, costumes for Het paleis, Antwerpen (BE).

2015 — Nach dem Fest: Text, director, stage design and costumes for Schauspiel Frankfurt (DE),

2013 — Trauerzeit: Stage design by Hans Op de Beeck, concept and stage direction by Johan Leysen, composition and musical direction by Dominique Pauwels, produced by Les Théâtres de la Ville de Luxembourg, C.I.C.T. (LU) and Théâtre des Bouffes du Nord, Paris (FR).

2012 — Orphée et Eurydice (Gluck): Stage design, images and costumes by Hans Op de Beeck, directed by Frédéric Flamand, produced by le Ballet National de Marseille et lOpéra de Saint-Etienne (FR). Book Burning: Main concept, stage design and sculptural work, in collaboration with author/actor Pieter De Buysser, produced by Margarita Production, Brussels (BE)

2007 — Happy End: Animation film for the contemporary opera composed by Georges Aperghis, a production inspired by Charles Perraults tale Le Petit Poucet, in collaboration with Bruno Hardt, Klaas Verpoest, produced by Ictus, Brussels (BE). VOID: Stage design and video works for the contemporary opera by Wim Henderickx, directed by Wouter Van Looy, produced by Muziektheater Transparant, Antwerp (BE).

2006 — Sestina: Stage design and video works for the musical theatre production with work by Claudio Monteverdi, directed by Wouter Van Looy, produced by Muziektheater Transparant, Antwerp (BE).

Nicolas de Oliveira
Nicola Oxley

Nicolas de Oliveira und Nicola Oxley sind Autoren und Kuratoren und leben in London. Sie sind die gemeinsamen Herausgeber zweier wichtiger Bestandsaufnahmen zur Installationskunst sowie individueller Künstler-Monografien. Gemeinsam leiten sie auch den experimentellen Projektraum SE8 Gallery sowie The Mulberry Tree Press, einen auf Künstlerbücher und Schallplatten-Editionen spezialisierten Verlag. De Oliveira ist zudem Direktor der Stiftung Art Institutions of the 21st Century, einem internationalen Thinktank, der Forschung zu institutionellen Kunststrategien betreibt und diese im Rahmen von Symposien präsentiert oder in Form von Berichten veröffentlicht.

Nicolas de Oliveira and Nicola Oxley are writers and curators based in London. They are co-authors of two major surveys of installation art, as well as individual monographs of artists. They co-direct an experimental project space, SE8 Gallery, and an imprint The Mulberry Tree Press publishing artists' books and vinyl editions. De Oliveira is also the director of the foundation Art Institutions of the 21st Century – an international think tank which develops and presents research through symposia and published reports on institutional art policy.

Kunstraum Dornbirn

Präsident / President . . . . Ekkehard Bechtold
Leitung / Direction . . . . Thomas Häusle
PR/Vermittlung/Education . . . . Herta Pümpel
Sekretariat / Office . . . . Patricia Janisch
Ausstellungort / Exhibition site . . . . . . Jahngasse 9, 6850 Dornbirn
Büro / Office . . . . Marktstrasse 33, 6850 Dornbirn
                                        T +43 (0)5572 55044
                                        F +43 (0)5572 55044-4838
                                        kunstraumdornbirn.at

Ausstellung / Exhibition

Künstler / Artist . . . . Hans Op de Beeck
Titel / Title . . . . The Pond Room
Dauer / Duration . . . . 2. Juni – 10. September 2017
Kurator / Curator . . . . Thomas Häusle
Organisation / Production . . . . Thomas Häusle
Fotografie / Photography . . . . Hansjörg Kapeller

Katalog / Catalogue

Herausgeber / Editor . . . . Kunstraum Dornbirn, Thomas Häusle
Texte / Texts . . . . Nicolas de Oliveira und Nicola Oxley
Gespräch / Talk . . . . Thomas Häusle und Herta Pümpel
Redaktion . . . . Herta Pümpel
Übersetzung / Translation . . . . Sabine Bürger und Tim Beeby
                                        Jonathan Uhlaner
Lektorat / Proof Reading . . . . Verlag für moderne Kunst
Gestaltung / Graphic Design . . . . Proxi Design / proxi.me
Fotos / Photos . . . . Hansjörg Kapeller
Druck / Print . . . . Thurnher Druck / dth.at
Erschienen im / Published by . . . . VfmK
                                        Verlag für moderne Kunst GmbH
                                        Salmgasse 4a, 1030 Wien
                                        vfmk.org
ISBN 978-3-903153-72-1

Vertrieb / Distribution

Europa / Europe . . . . LKG / www.lkg-va.de
Schweiz / Switzerland . . . . AVA / www.ava.ch
Distributed in the UK . . . . Cornerhouse Publications
70 Oxford Street
Manchester M 1 5 NH, UK
Phone 0044 (0)161 – 200 15 03
Fax 0044 (0)161 – 200 15 04

Distributed outside Europe . . . . Distributed Art Publishers, Inc.
155 Sixth Avenue, 2nd Floor
New York, NY 100
Phone 001 (0)212 – 627 19 99
Fax 001 (0)212 – 627 9484

Bibliografische Information der Deutschen Nationalbibliothek: Die Deutsche Nationalbibliothek verzeichnet diese Publikation in der Deutschen Nationalbibliografie; detaillierte bibliografische Daten sind im Internet über http://dnb.ddb.de abrufbar

Bibliografic Information published by Die Deutsche Nationalbibliothek: Die Deutsche Nationalbibliothek lists this publication in the Deutschen Nationalbibliografie; detailed bibliographic data is available in the Internet at http://dnb.ddb.de

Mit freundlicher Unterstützung . . . . . Stadt Dornbirn
Kindly supported by   Land Vorarlberg
                                                          Bundeskanzleramt Österreich
                                                          Dornbirner Sparkasse

Besonderer Dank . . . . oa.sys
Special thanks   Längle Glas
                                                          Kies Kopf
                                                          Rhomberg Bau
                                                          Roland Adlassnig
                                                          Galerie Krinzinger
                                                          Werkhof der Stadt Dornbirn
                                                          Proxi Design